交通运输企业安全生产标准化评价实施细则

2018

公路桥梁运营企业

安全生产标准化评价实施细则

本书编写组　编

交通运输部安全委员会办公室　审定

人民交通出版社股份有限公司

China Communications Press Co.,Ltd.

内 容 提 要

本书详细介绍了公路桥梁运营企业安全生产标准化评价办法,适合公路桥梁运营企业安全生产管理人员学习使用,也可供公路桥梁运营企业安全生产标准化评审员参考。

图书在版编目(CIP)数据

公路桥梁运营企业安全生产标准化评价实施细则/《公路桥梁运营企业安全生产标准化评价实施细则》编写组编. —北京:人民交通出版社股份有限公司,2019.1
ISBN 978-7-114-15267-2

Ⅰ.①公… Ⅱ.①公… Ⅲ.①公路桥—公路运输企业—安全管理—学习参考资料 Ⅳ.①F540.5

中国版本图书馆 CIP 数据核字(2018)第 292866 号

Gonglu Qiaoliang Yunying Qiye Anquan Shengchan Biaozhunhua Pingjia Shishi Xize

书　　名:公路桥梁运营企业安全生产标准化评价实施细则
著 作 者:本书编写组
责任编辑:刘　博
责任校对:刘　芹
责任印制:张　凯
出版发行:人民交通出版社股份有限公司
地　　址:(100011)北京市朝阳区安定门外外馆斜街 3 号
网　　址:http://www.ccpress.com.cn
销售电话:(010)59757973
总 经 销:人民交通出版社股份有限公司发行部
经　　销:各地新华书店
印　　刷:北京印匠彩色印刷有限公司
开　　本:787×1092　1/16
印　　张:10.25
字　　数:166 千
版　　次:2019 年 1 月　第 1 版
印　　次:2019 年 10 月　第 2 次印刷
书　　号:ISBN 978-7-114-15267-2
定　　价:35.00 元

丛书编委会

技术支持

中国船级社

交通运输部水运科学研究院

北京市交通委员会

中交第四公路工程局有限公司

北京中平科学技术院

前　言 QIANYAN

交通运输安全生产是我国安全生产的重要组成部分，与经济社会健康发展和人民群众获得感、幸福感、安全感息息相关。在建设安全便捷、畅通高效、绿色智能现代综合交通运输体系过程中，交通运输行业必须始终牢固树立以人民为中心的发展理念，始终将安全工作放在首位，坚持改革创新，坚持安全发展，进一步增强做好安全工作的责任感、使命感和紧迫感，采取切实有效的工作措施，筑牢安全生产防线，确保交通运输事业发展长治久安。

6年来，交通运输行业积极推进企业安全生产标准化建设，取得了一系列成效：一是明确界定了企业落实安全生产主体责任的内涵和要求，让大家知道安全生产管什么，怎么管，达到什么要求，推动企业安全生产工作逐步规范，事故水平持续下降，显著提升了行业安全生产水平。二是强化了行业管理部门安全监管工作，丰富了安全监管手段，增强了安全监管工作的针对性，为部门实施安全生产分类指导、分级监管提供重要依据。三是为管理部门监督检查工作提供了相关标准和清单，推动实现精细化、清单化监管。

为进一步加强和推进交通运输行业安全生产标准化建设工作，交通运输部2016年7月26日发布了《交通运输企业安全生产标准化建设评价管理办法》（交安监发〔2016〕133号），进一步优化完善了企业安全生产标准化建设工作机制；2018年5月1日起，相继颁布了《交通运输企业安全生产标准化建设基本规范》一系列行业标准，将原考评指标上升为行业规范，有效提升了标准化建设工作的科学性、专业性和指导性。为做好新标准的实施，我们组织标准起草单位和专家编制了系列标准的实施细则和汽车租赁、巡游出租车、港口罐区和港口理货仓储等领域的安全生产标准化建设试行细则。

本书由吴冰担任主编，敖波、董艳春、周烨担任副主编，刘聪、李仕红、王谦、姚静涛、安玉林、赵颖参与编写。

新编制的《公路桥梁运营企业安全生产标准化评价实施细则》力求科学严谨、精准精细、便于操作，但由于编写安排进度较紧,难免出现一些错误和问题,希望大家积极批评指正,为交通运输企业安全生产标准化建设基本规范和实施细则的优化、完善贡献力量,持续推进行业安全发展,为交通强国建设保驾护航!

编委会

2018年11月

目　录 MULU

第一章　公路桥梁运营企业安全生产标准化评价实施细则

评价类目	评价项目	释　义	评价方法	标准分值	评价标准	得分
一、目标与考核(30分)	①企业应结合实际制定安全生产目标。安全生产目标应: a. 符合或严于相关法律法规的要求; b. 形成文件,并得到本企业所有从业人员的贯彻和实施; c. 与企业的职业安全健康风险相适应; d. 具有可考核性,体现企业持续改进的承诺; e. 便于企业员工及相关方获得	目标是指根据组织的使命而提出的组织在一定时期内所要达到的预期成果。安全生产目标,是企业在一定条件下,一定时间内完成安全生产活动所要达到的预期成果。安全生产目标的制定应切合企业实际,要求内容明确、具体、量化,有时限性。 安全生产目标应以文件形式正式发布,使全体员工和相关方获知	**查资料:** 1. 安全生产目标; 2. 发布安全生产目标的文件; 3. 贯彻和实施安全生产目标的相关资料。 **询问:** 抽查企业员工3~5人是否了解本企业安全生产目标。 **现场检查:** 安全目标是否充分公开,便于企业员工及相关方获得	5 ★★	1. 应制定符合要求的安全生产目标; 2. 安全生产目标应正式发布、贯彻和实施; 3. 企业员工应了解安全生产目标; 4. 安全目标应充分公开,便于员工及相关方获得	

续上表

评价类目	评价项目	释义	评价方法	标准分值	评价标准	得分
一、目标与考核(30分)	②企业应根据安全生产目标制定可考核的安全生产工作指标,指标应不低于上级下达的目标。 企业安全生产工作指标应包括: a. 人身伤害、火灾、财产损失、交通事故等安全生产责任事故控制率; b. 公路技术状况评定值; c. 突发事件清障救援到位及时率; d. 设备设施日常巡查、清洁维护、检查评定等计划执行率	安全生产工作指标:指量化的安全生产指标,又称控制指标。对安全目标进行量化,使其更具体化、更有针对性,便于企业对安全目标的实施、考核和统计的开展。企业制定的指标应不低于上级有关部门下达的安全考核指标,并且符合法律法规的要求	**查资料:** 1. 查发布安全生产工作指标的文件,指标应可考核; 2. 查上级单位下达的安全目标	5 AR	1. 未制定可考核的安全生产工作指标,不得分; 2. 制定的指标低于上级单位下达的安全目标,不得分; 3. 制定的安全工作指标不合理、与企业实际情况不符,每处扣1分	

续上表

评价类目	评价项目	释义	评价方法	标准分值	评价标准	得分
一、目标与考核（30分）	③企业应制定实现安全生产目标和工作指标的措施	企业安全生产工作目标明确后，要有一系列的措施来保证安全目标的实现。措施的制定应该具体、责任明确。 措施一般包括：完善安全管理机构，明确安全生产责任，资金保障、建立安全生产制度体系，安全教育与培训，设备设施维护，应急训练与演习等	**查资料：** 查实现安全生产目标和工作指标的措施文件	5	1. 未制定实现安全生产目标和工作指标的措施，扣5分； 2. 制定的措施不具体、不可行或责任不明确，每项扣1分	
	④企业应制定安全生产年度计划和专项活动方案，并严格执行	按照企业目标和要求，企业要逐年推进安全生产工作的进步，特别是要针对某些突出的安全生产问题和隐患，通过制定年度计划和年度专项活动方案，进一步细化工作，使其更具有针对性和操作性，包括指导思想、活动主题、组织机构、工作目标、时间节点与具体活动内容等	**查资料：** 1. 查安全生产年度计划和专项活动方案； 2. 查安全生产年度计划和专项活动方案执行的相关记录和总结材料等	5	1. 未制定安全生产年度计划，扣3分； 2. 未制定安全生产专项活动方案，扣2分； 3. 执行安全生产年度计划和方案的记录和总结材料不完整，每项扣1分	

续上表

评价类目	评价项目	释义	评价方法	标准分值	评价标准	得分
一、目标与考核(30分)	⑤企业应将安全生产工作指标进行细化和分解,制定阶段性的安全生产控制指标,并予以考核	企业要结合实际,按照组织结构及下属单位在安全生产中可能面临的风险大小,将企业年度的安全生产目标转化成阶段性的安全生产控制指标,并逐级细化分解,落实到每个单位、部门、班组和岗位。通过对指标进行考核,激励全体职工的积极性,从而保证指标的完成	**查资料:** 1.查细化和分解后的安全生产工作指标,应根据企业实际情况进行细化并分解到各基层单位、部门和岗位; 2.查企业制定的阶段性安全生产控制指标; 3.查各项指标的考核记录	5	1.未细化和分解安全生产工作指标,扣2分; 2.工作指标细化和分解不合理、不符合企业实际情况或不完善,每处扣1分; 3.未制定阶段性的安全生产控制指标,扣1分; 4.未对指标完成情况进行考核或考核不完整不合理的,每项扣1分	

续上表

评价类目	评价项目	释　义	评价方法	标准分值	评价标准	得分
一、目标与考核(30分)	⑥企业应建立安全生产目标考核与奖惩的相关制度，并定期对安全生产目标完成情况予以考核与奖惩	考核奖惩是提升安全管理的有效方法之一。 激励约束、奖优罚劣，企业要制定相应的规章制度或管理办法明确考核与奖惩的程序和要求。 制度应当明确考核、奖惩的对象，考核的时限，考核的程序与方法，考核的具体内容，奖惩条件等，并要明确考核的责任部门，保证考核和奖惩工作的实施。 安全生产考核与奖惩要规范、合理、有效实施。 企业要根据安全生产目标考核与奖惩制度的规定，对所有安全生产部门和岗位目标完成情况进行考核，重点考核企业安全生产主要负责人(项目负责人)，定期一般分为月度跟踪、季度分析、半年检查和年度考核，并奖惩兑现	**查资料：** 1. 查安全生产目标考核与奖惩管理规定； 2. 查目标考核记录文件； 3. 查奖惩兑现证明材料	5	1. 未制定安全生产目标与奖惩管理规定，扣2分； 2. 制定的安全生产目标与奖惩制度内容不完善，扣1~2分； 3. 未进行考核或奖惩的，扣3分	

续上表

评价类目	评价项目		释义	评价方法	标准分值	评价标准	得分
二、管理机构和人员（35分）	1.安全生产管理机构	①企业应建立以企业主要负责人为领导的安全生产委员会(或安全生产领导小组)，并应职责明确。应建立健全从安全生产委员会(或安全生产领导小组)至基层班组的安全生产管理网络	安全生产委员会(或安全生产领导小组)是企业安全生产管理的最高决策机构。应由企业安全生产第一责任人、分管领导与有关部门人员组成	**查资料：** 1.公司成立安全生产委员会，下属各分支机构成立安全生产领导小组的文件，安全委员会职责明确； 2.公司安全生产管理网络图	10 ★★	1.企业应成立安全生产委员会(或安全生产领导小组)； 2.企业应明确安全生产委员会(或安全生产领导小组)职责； 3.企业应编制安全生产管理网络图，网络图全面覆盖至基层班组	
		②企业应按规定设置与企业规模相适应的安全生产管理机构	安全生产管理机构是企业内部设置的对安全生产工作进行综合协调和监督的综合管理部门。 公路桥梁运营企业应当设置安全生产管理机构或者配备专职安全生产管理人员。前款规定以外的其他生产经营单位，从业人员超过100人的，应当设置安全生产管理机构或者配备专职安全生产管理人员；从业人员在100人以下的，应当配备专职或者兼职的安全生产管理人员	**查资料：** 1.设置安全生产管理机构的文件； 2.设置的安全生产管理机构与企业规模相适应； 3.安全生产管理机构职责/工作制度	5 ★★	1.应按规定设置安全生产管理机构； 2.设置的安全生产管理机构应与企业规模相适应； 3.应明确安全生产管理机构职责	

续上表

评价类目	评价项目		释义	评价方法	标准分值	评价标准	得分
二、管理机构和人员(35分)	1.安全生产管理机构	③企业应定期召开安全生产委员会或安全生产领导小组会议。安全生产管理机构或下属分支机构每月至少召开一次安全工作例会	安全生产委员会会议,每季度至少一次,研究解决安全生产中的重大问题,安排阶段性安全生产工作。 安全工作例会,每月至少一次,主要是落实安全生产委员会会议的决定,总结上一阶段的各项安全生产工作完成情况,传达上级对安全生产的指令、文件精神及安全生产相关措施,对安全工作进行部署、对从业人员进行安全思想教育等。各分支机构和部门汇报安全生产情况和存在的问题	**查资料:** 1.安全工作例会制度; 2.安全生产委员会会议资料,包括会议通知、会议签到表、会议记录、会议纪要等; 3.安全生产管理机构召开安全工作例会的资料,包括会议通知、会议签到表、会议记录等	5 AR	1.未制定安全例会制度,扣3分; 2.制度不完善、内容不全面,扣0.5分; 3.无安全会议记录、会议纪要、签到表等,每项扣0.5分	

续上表

评价类目	评价项目		释义	评价方法	标准分值	评价标准	得分
二、管理机构和人员(35分)	2. 安全管理人员	①企业应按规定配备专(兼)职安全生产和应急管理人员	安全生产管理人员是指生产经营单位中从事安全生产管理工作的专职或兼职人员	**查资料:** 1. 任命专兼职安全管理人员和应急管理人员的文件; 2. 行业对安全生产管理人员/应急管理人员配备要求的文件	10 ★★	1. 应配备专兼职安全生产管理人员和应急管理人员; 2. 安全生产管理人员和应急管理人员的配备应满足行业要求	
		②企业的主要负责人和安全生产管理人员应具备与本企业所从事的生产经营活动相适应的安全生产和职业健康知识与能力,并保持安全生产管理人员的相对稳定	企业的主要负责人和安全生产管理人员必须具备与本企业所从事的生产经营活动相适应的安全生产和职业健康知识与能力,同时具有领导安全生产管理工作和处理安全生产事故的能力	**查资料:** 1. 企业主要负责人和安全生产管理人员岗位任职能力要求; 2. 安全管理岗位能力评价及考核记录; 3. 安全生产管理人员劳动合同	5	1. 未制定安全岗位任职能力要求,扣3分; 2. 安全管理岗位能力评价、考核,记录不全,每项扣1分; 3. 安全生产管理人员劳动合同期限未满足一年期限以上的,每人扣2分	

续上表

评价类目	评价项目		释义	评价方法	标准分值	评价标准	得分
三、安全责任体系(40分)	1.健全责任制	①企业应建立安全生产责任制,明确安全生产委员会(或安全生产领导小组)、安全生产管理机构、各职能部门、生产基层单位的安全生产职责,层层签订安全生产责任书,并落实到位	《中华人民共和国安全生产法》第四条规定:生产经营单位必须遵守本法和其他有关安全生产的法律、法规,加强安全生产管理,建立、健全安全生产责任制和安全生产规章制度,改善安全生产条件,推进安全生产标准化建设,提高安全生产水平,确保安全生产。 安全生产责任制是企业安全生产的核心,是安全生产管理的源头。安全生产责任制应明确规定企业领导层、管理人员及所有从业人员、各管理部门、各级单位、岗位对安全生产应负的责任、权利和义务。企业的安全生产责任制应覆盖企业的所有方面,通过文件或有关规定发布,层层签订安全生产责任制,明确全体人员的安全生产责任	**查资料:** 1. 企业组织机构、各部门、岗位职责文件; 2. 安全生产委员会任命及职责规定文件; 3. 抽查安全生产管理机构、主要职能部门、基层单位、重要岗位安全生产责任书。 **询问:** 重要安全生产管理人员、岗位员工至少3人,是否清楚各自安全生产职责、责任书签订情况	10 AR	1. 未制定部门和岗位职责,不得分;缺少一个部门扣3分;缺少一个岗位扣1分; 2. 未签订安全生产责任书,不得分;缺一份,扣1分; 3. 员工不明确自身安全职责,每人次扣1分	

续上表

评价类目	评价项目		释义	评价方法	标准分值	评价标准	得分
三、安全责任体系(40分)	1.健全责任制	②企业主要负责人或实际控制人是本企业安全生产第一责任人,对本企业安全生产工作全面负责,负全面组织领导、管理责任和法律责任,并履行安全生产的责任和义务	企业安全生产第一责任人一般为企业总经理或总裁,根据安全生产法相关规定,生产经营单位的主要负责人对本单位的安全生产工作全面负责。 生产经营单位的主要负责人对本单位安全生产工作负有下列职责: (一)建立、健全本单位安全生产责任制; (二)组织制定本单位安全生产规章制度和操作规程; (三)保证本单位安全生产投入的有效实施; (四)督促、检查本单位的安全生产工作,及时消除生产安全事故隐患; (五)组织制定并实施本单位的生产安全事故应急救援预案; (六)及时、如实报告生产安全事故; (七)组织制定并实施本单位安全生产教育和培训计划	**查资料:** 1. 核查企业营业执照、经营资质等材料,确定企业主要负责人或实际控制人; 2. 安全生产责任制文件。 **询问:** 主要负责人或实际控制人是否明确应承担的安全生产责任	5 ★★	1. 主要负责人或实际控制人职责应符合法规要求; 2. 主要负责人或实际控制人应熟知其安全责任	

续上表

评价类目	评价项目		释义	评价方法	标准分值	评价标准	得分
三、安全责任体系(40分)	1.健全责任制	③分管安全生产的企业负责人是安全生产的重要负责人,应协助企业安全生产第一责任人落实各项安全生产法律法规、标准规范,统筹协调和综合管理企业的安全生产工作,对本企业安全生产负重要管理责任	安全生产分管负责人由企业任命或指派,协助主要负责人落实各项安全生产法律法规、标准规范等,统筹协调和综合管理企业的安全生产工作,对企业安全生产工作负综合管理领导责任。可以是企业总经理,分管安全生产的副总经理等	**查资料:** 查安全生产分管负责人的任命或职责分工文件。 **询问:** 1. 安全生产分管负责人应承担的职责,履职情况; 2. 跟踪检查相关履职证据	5	1. 未明确安全生产分管负责人,不得分;相关职责不充分、不明确,扣2分; 2. 安全生产分管负责人不清楚相应职责,不得分;未履行职责,每项扣2分;相关履职证据不充分,每项扣1分	
		④其他负责人及员工实行"一岗双责",对业务范围内的安全生产工作负责	企业实行安全生产"一岗双责",是指不仅要对所在岗位承担的具体业务工作负责,还要对所在岗位相应的安全生产负责	**查资料:** 企业岗位职责文件。 **询问:** 抽查管理、现场操作等岗位人员不少于3人,询问各自岗位职责	10	1. 未明确岗位分工、职责的,不得分; 2. 一岗双责体现不合理、不充分,每岗扣2分; 3. 人员不熟悉一岗双责,每人次扣2分	

续上表

评价类目	评价项目		释义	评价方法	标准分值	评价标准	得分
三、安全责任体系(40分)	2.责任制考评	企业应根据安全生产责任进行定期考核和奖惩,并公布考评结果和奖惩情况	企业应建立安全责任考核机制,制定安全生产责任考核制度。建立以岗位安全绩效考核为重点,以落实岗位安全责任为主线,以杜绝岗位安全责任事故为目标的全员安全生产责任考核办法。加大安全生产责任在员工绩效工资、晋级、评先评优等考核中的权重,重大责任事项实行"一票否决"。对各级管理部门、管理人员及从业人员安全职责的履行情况和安全生产责任制的实现情况进行定期考核,予以奖惩	**查资料:** 1. 开展安全生产责任制考核、奖惩相关的文件; 2. 履职证明材料,奖惩兑现记录、文件等	10 ★★	1. 企业应开展安全责任制考核;考核应合理、全面; 2. 履职证明材料; 3. 企业依据考核结果进行奖惩,并公布考核结果和奖惩情况	
四、资质、法律法规与安全生产管理制度(60分)	1.资质	企业的《企业法人营业执照》资质证书应合法有效,经营范围应符合要求。企业应取得高速公路运营管理资格,且管理的高速公路应在国家规定的营运期限内	企业应按照《中华人民共和国公司登记管理条例》管辖规定开展工商登记;各类资质证书中的名称、法人等一致;并处于有效期内;按照规定通过年度审验。 企业应在核准的工商登记和资质许可范围开展合法的经营活动	**查资料:** 核查《企业法人营业执照》、资质许可证书等原件。 **现场检查:** 企业实际经营范围	5 ★★	1. 企业应具备合法有效的营业执照,按规定通过年审; 2. 企业应取得高速公路运营管理资格,且管理的高速公路应在国家规定的营运期限内	

续上表

评价类目	评价项目		释义	评价方法	标准分值	评价标准	得分
四、资质、法律法规与安全生产管理制度(60分)	2.法律法规及标准规范	①企业应制定及时识别、获取适用的安全生产法律法规、标准规范及其他要求的管理制度,明确责任部门,建立清单和文本(或电子)档案,并定期发布	企业应及时识别和获取本企业适用的安全生产法律法规、标准规范,并跟踪、掌握有关法律法规、标准规范的修订情况	**查资料:** 1.企业管理制度文件; 2.适用的法律法规、标准规范及其他要求的清单、文本(或电子)档案、台账或数据库等; 3.法规清单(或文本)定期更新并发布的记录	5	1.未建立识别和获取适用的安全生产法律法规、标准规范及其他要求的管理制度的,扣2分;未明确责任部门,扣2分;未明确获取渠道或方式等,缺少一项扣1分; 2.未建立法规清单和文本档案的,扣3分;存在遗漏、不适用、过期、失效等的,每项扣1分; 3.未及时发布的,扣2分	
		②企业应及时对从业人员进行适用的安全生产法律法规、标准规范宣贯,并根据法规标准和相关要求及时制修订本企业安全生产管理制度	企业应将安全生产法律法规、标准规范及相关要求,及时转化为本单位的规章制度,并贯彻到各项工作中	**查资料:** 1.培训或宣贯记录; 2.企业安全生产管理制度文件及制修订记录	5	1.未开展法律法规培训或宣贯,每项扣1分; 2.制度未体现适用的法规要求、未及时修订等,每项扣1分	

续上表

评价类目	评价项目		释义	评价方法	标准分值	评价标准	得分
四、资质、法律法规与安全生产管理制度(60分)	3.安全管理制度	①企业应制定安全管理制度,至少应包括:安全生产责任制、安全生产例会制度、安全生产费用管理制度、安全台账管理制度、事故隐患排查治理制度、安全生产教育培训制度、安全生产检查制度、事故统计报告制度、安全生产考核奖惩制度、设备设施安全管理制度、劳动保护用品管理制度、建设项目安全设施"三同时"管理制度、特种作业人员管理制度、危险作业安全管理制度、相关方安全生产监督管理制度、风险管理制度、职业健康管理制度等	安全生产管理制度,是企业依据国家有关法律法规、标准,结合安全生产工作实际,以企业名义起草颁发的有关安全生产的规范性文件。 企业是安全生产的责任主体,建立健全安全管理制度是企业的法定责任,是规范从业人员的生产作业行为,保证生产经营活动安全、顺利进行的重要手段。《中华人民共和国安全生产法》规定:企业应制定健全的安全生产管理制度,规范从业人员的安全行为,并将制度发放到有关的工作岗位	**查资料:** 企业安全生产与职业卫生管理规章制度文件,至少应包括以下内容。 1. 安全生产责任制; 2. 安全例会制度; 3. 文件和档案管理制度; 4. 安全生产费用提取和使用管理制度; 5. 设施、设备、货物安全管理制度; 6. 安全生产培训和教育学习制度; 7. 安全生产监督检查制度; 8. 事故统计报告制度; 9. 安全生产奖惩制度; 10. 法律法规要求建立的制度	5	1. 安全生产与职业健康管理制度每缺一项,扣2分(其他评价内容中已有的不重复扣分;名称不要求一样,但内容应涵盖); 2. 管理制度内容不完善,未明确责任部门、职责、工作要求等内容的,每项扣1分; 3. 管理制度的编制、审批和签发记录,未按规定进行的,每项扣1分	

续上表

评价类目	评价项目		释义	评价方法	标准分值	评价标准	得分
四、资质、法律法规与安全生产管理制度（60分）	3.安全管理制度	②企业制定的安全生产管理制度应符合国家现行的法律法规的要求	安全生产管理制度，是企业依据国家有关法律法规、标准，结合安全生产工作实际，以企业名义起草颁发的有关安全生产的规范性文件	**查资料：** 企业安全生产管理规章制度与相应法律法规标准规范的符合性	5	规章制度与法规要求不符，每处扣1分	
		③企业应组织从业人员进行安全生产管理制度的学习和培训	企业应组织从业人员进行安全生产管理制度的学习、培训或宣贯，使其了解相关的制度要求	**查资料：** 查阅管理制度发放、相关的培训、会议、宣贯等记录、资料	5	1. 未开展管理制度培训、学习、交流或宣贯，每缺一项扣1分； 2. 管理制度发放不到位，缺一项扣1分	
	4.操作规程	①企业应制定各岗位操作规程，操作规程应满足国家和行业相关标准规范的要求	安全操作规程是指在生产活动中，为消除能导致人身伤亡或造成设备、财产损失以及危害环境的因素而制定的具体技术要求和实施程序的统一规定。 企业应根据生产特点，组织制定岗位和设备安全操作规程，发放到相关岗位，保证其有效实施。操作规程中应明确：操作前的检查及准备工作的程序和方法；操作中严禁的行为；必需的操作步骤和操作方法；操作注意事项；正确使用劳动防护用品的要求；出现异常情况时的应急措施	**查资料：** 1. 岗位和设备安全生产操作规程； 2. 抽查安全生产关键岗位和设备安全生产操作规程能否满足相关的国家和行业标准规范； 3. 核查操作规程是否符合企业实际情况	5 ★★	1. 应制定现场作业岗位和设备操作规程，操作规程应符合相关标准规范要求，并符合企业实际状况； 2. 操作规程应包含安全作业相关要求	

续上表

评价类目	评价项目		释义	评价方法	标准分值	评价标准	得分
四、资质、法律法规与安全生产管理制度(60分)	4.操作规程	②企业应在新技术、新材料、新工艺、新设备设施投产或投用前,组织编制相应的操作规程,保证其适用性	生产经营单位采用新工艺、新技术、新材料或者使用新设备,必须了解、掌握其安全技术特性,采取有效的安全防护措施,根据实际状况编制相应的操作规程,并保证其适用性	**现场检查结合询问:** 企业新技术、新材料、新工艺、新设备设施投产或使用情况。 **查资料:** "四新"相关的操作规程,评价其符合性、适用性	5	1.未编制或未在"四新"投产投用前编制相应操作规程,每个扣2分; 2.操作规程存在不符合、不适用的,每处扣1分; 3.操作规程未包含安全作业相关要求,缺一个扣1分	
		③企业应及时将操作规程发放到相关岗位,组织对从业人员进行操作规程的培训	岗位安全操作规程应以纸质版发放到岗位人员,宜将规程的主要内容制成目视化看板、展板等放置在作业现场,并组织岗位安全操作规程的培训教育。新员工、转复岗人员、"四新"作业人员到岗位作业前,进行岗位和设备安全操作规程的培训教育后方可上岗,其他岗位作业人员应定期进行安全操作规程的再教育,以确保每个岗位作业人员熟悉并执行本岗位安全操作规程	**查资料:** 查岗位安全操作规程的发放记录;学习培训记录。 **现场检查:** 现场操作重点岗位是否配备相应的岗位操作规程。 **询问:** 抽查现场作业重点岗位人员不少于3人,是否熟悉本岗位操作规程	5	1.未及时发放或发放不到位的,每个岗位扣2分; 2.未开展岗位操作培训学习的,每人次扣1分; 3.重要岗位操作人员不熟悉岗位操作规程的,每人次扣2分	

续上表

评价类目	评价项目		释义	评价方法	标准分值	评价标准	得分
四、资质、法律法规与安全生产管理制度(60分)	5. 修订	企业应定期对安全管理制度和操作规程进行评审,并根据评审结论及时进行修订,确保其有效性、适应性和符合性。在发生以下情况时,应及时对相关的管理制度或操作规程进行评审、修订: a. 国家相关法律、法规、规程、标准废止、修订或新颁布; b. 企业归属、体制、规模发生重大变化; c. 生产设施新建、改建、扩建规模、作业环境已发生重大改变; d. 设备设施发生变更; e. 作业工艺、危险有害特性发生变化; f. 政府相关行政部门提出整改意见; g. 安全评价、风险评估、体系认证、分析事故原因、安全检查发现涉及规章制度、操作规程的问题; h. 其他相关事项	任何制度都要经历一个从建立到不断完善的过程,任何制度的内容和形式都需要根据企业经营的变化而不断废止和更新。及时修订企业规章制度有助于规范化管理企业,是企业各项工作正常有效开展的基础,是企业健康有序发展的有力保障,是提高工作效率和作质量,降低业务运作风险的重要管理手段。对制度的有效性、适应性、符合性进行不断的评审与更新,是企业不可忽视的工作。 为保证企业安全管理制度和操作规程有效性、适应性和符合性,企业应定期对安全管理制度和操作规程进行评审,评价其是否适合企业安全生产情况和法律法规要求,如果评价结论认为不能完全满上述要求的,应根据评审结论及时进行修订。一般情况下,有条款列举的6种情况下,应对相关管理制度或操作规程进行评审、修订	**现场检查结合询问:** 了解是否发生需要修订制度或规程的情况。 **查资料:** 对安全生产管理制度和操作规程进行有效性、适应性、符合性评审和修订的相关记录	5	1. 未对管理制度、操作规程定期进行有效性、符合性评审,导致不满足法律法规要求的,每个扣3分; 2. 未及时开展修订,每个扣1分	

续上表

评价类目	评价项目		释义	评价方法	标准分值	评价标准	得分
四、资质、法律法规与安全生产管理制度（60分）	6.制度执行及档案管理	①企业每年至少一次对安全生产法律法规、标准规范、规章制度、操作规程的执行情况进行检查	企业每年至少一次组织对安全生产法律法规、标准规范、规章制度、操作规程的执行情况进行检查和评审	**查资料：** 1. 对适用的安全生产法律、法规、标准、规章制度、操作规程的执行情况进行检查或评价的记录、报告等； 2. 对检查评价出的不符合项进行原因分析，制定相应纠正措施并组织实施的记录或证据资料	5	1. 未开展法规符合性检查或评价的，不得分；检查内容不齐全不完善的，每项扣1分； 2. 对检查或评价出的不符合项未进行原因分析的，每项扣1分； 3. 未制定纠正措施，或纠正措施不落实，每项扣1分	
		②企业应建立和完善各类台账和档案，并按要求及时报送有关资料和信息	企业应建立主要安全生产过程、检查的安全记录档案，并加强对安全记录的有效管理	**查资料：** 1. 安全生产过程的各类记录、台账和档案等； 2. 企业按要求报送的有关信息和资料	5 AR	1. 未按照法律法规要求建立台账和档案的，每项扣0.5分； 2. 记录台账等保存不完善，每缺一项扣0.5分； 3. 未及时报送有关资料和信息，每次扣0.5分	

续上表

评价类目	评价项目		释　义	评价方法	标准分值	评价标准	得分
五、安全投入(40分)	1.资金投入	①企业应按规定足额提取(列支)安全生产费用	根据《中华人民共和国安全生产法》第二十条规定：生产经营单位应当具备安全生产条件所必需的资金投入，由生产经营单位的决策机构、主要负责人或者个人经营的投资人予以保证，并对由于安全生产所必需的资金投入不足导致的后果承担责任。有关生产经营单位应当按照规定提取和使用安全生产费用，专门用于改善安全生产条件。安全生产费用在成本中据实列支。提取标准应符合《企业安全生产费用提取和使用管理办法》	**查资料：** 1. 安全生产费用管理制度和年度提取计划； 2. 安全生产费用台账； 3. 财务安全费用列支记录	15 ★★	1. 应有安全生产费用管理制度，制度中应包含职责、提取比例、使用范围、过程管理、监督检查等内容； 2. 安全生产费用提取比例应满足规定要求； 3. 应制定年度安全生产费用提取计划。	
		②安全生产经费应专款专用，企业应保证安全生产投入的有效实施	《企业安全生产费用提取和使用管理办法》(财企〔2012〕16号文)规定：企业提取的安全费用应当专户核算，按规定范围安排使用，不得挤占、挪用。年度结余资金结转下年度使用，当年计提安全费用不足的，超出部分按正常成本费用渠道列支	**查资料：** 1. 安全生产费用管理制度； 2. 安全生产费用台账； 3. 安全生产费用使用原始票据。 **询问：** 安全管理部门和财务管理部门对安全生产费用使用情况	10	1. 未明确责任部门或专人负责安全生产费用管理的，扣2分； 2. 未按规定范围使用安全生产费用(超范围使用或挪用)，每项扣2分	

续上表

评价类目	评价项目		释义	评价方法	标准分值	评价标准	得分
五、安全投入(40分)	1.资金投入	③企业应及时投入满足安全生产条件的所需资金	根据《中华人民共和国安全生产法》第二十条规定：生产经营单位应当具备的安全生产条件所必需的资金投入，由生产经营单位的决策机构、主要负责人或者个人经营的投资人予以保证，并对由于安全生产所必需的资金投入不足导致的后果承担责任。 《企业安全生产费用提取和使用管理办法》第二十六条规定：在本办法规定的使用范围内，企业应当将安全费用优先用于满足安全生产监督管理部门、煤矿安全监察机构以及行业主管部门对企业安全生产提出的整改措施或者达到安全生产标准所需的支出。 《企业安全生产费用提取和使用管理办法》第三十二条规定：企业应当加强安全费用管理，编制年度安全费用提取和使用计划，纳入企业财务预算	**查资料：** 1.安全生产费用使用计划； 2.安全生产费用台账。 **询问：** 1.安全生产费用管理部门对安全生产费用使用情况； 2.生产管理部门对安全生产费用使用情况。 **现场检查：** 国家法律法规、标准规范要求的安全防护设备设施、劳动防护用品、人员设置、应急等配备及投入情况	5 AR	1.未制定安全生产费用使用计划的扣1分； 2.安全生产费用使用计划内容缺失的，每缺一个方面扣0.5分； 3.未按照法律法规、标准规范要求和监管部门提出的安全措施进行投入的，每项扣0.5分； 4.安全生产费用使用计划主要负责人未签字的，扣1分	

续上表

评价类目	评价项目		释义	评价方法	标准分值	评价标准	得分
五、安全投入(40分)	2.费用管理	①企业应建立安全生产费用台账	《企业安全生产费用提取和使用管理办法》第三十六条规定:企业未按本办法提取和使用安全费用的,安全生产监督管理部门、煤矿安全监察机构和行业主管部门会同财政部门责令其限期改正,并依照相关法律法规进行处理、处罚。 为有效地管理安全生产专项经费的使用,保证专款专用,企业应建立安全费用使用台账,一方面便于管理部门的监督管理,一方面有利于安全生产投入的统计分析,为以后该项费用的提取及管理使用提供参考依据,更有效地改善安全生产条件	**查资料:** 1. 安全生产费用台账; 2. 财务支出证明或相关证明材料	5	1. 未建立安全生产费用台账,不得分; 2. 安全生产费用提取和使用台账、使用凭证不一致的,每项扣1分; 3. 财务系统或报表中未完整体现安全费用提取、使用、结余等归类统计管理的,扣2分	

续上表

评价类目	评价项目		释义	评价方法	标准分值	评价标准	得分
五、安全投入(40分)	2.费用管理	②企业应跟踪、监督安全生产费用使用情况。企业安全生产费用应按照“企业提取、政府监管、确保需要、规范使用”的原则进行管理,安全生产费用应按照以下范围使用: a.完善、改造和维护安全防护设施设备支出(不含“三同时”要求初期投入的安全设施),包括交通运输设施设备和装卸工具安全状况检测及维护系统、运输设施设备和装卸工具附属安全设备等支出; b.配备、维护应急救援器材、设备支出和应急演练支出	《企业安全生产费用提取和使用管理办法》第三十五条规定:各级财政部门、安全生产监督管理部门、煤矿安全监察机构和有关行业主管部门依法对企业安全费用提取、使用和管理进行监督检查	**查资料:** 安全生产专项费用使用情况的监督检查(或审计)记录	5	1.企业未规定定期对安全生产费用使用情况进行监督检查的,扣2分; 2.企业无安全生产费用监督检查记录的,每缺少1次扣1分	

续上表

评价类目	评价项目		释义	评价方法	标准分值	评价标准	得分
五、安全投入(40分)	2. 费用管理	c. 开展重大危险源和事故隐患评估、监控和整改支出； d. 安全生产检查、评价(不包括新建、改建、扩建项目安全评价)、咨询和标准化建设支出； e. 配备和更新现场作业人员安全防护用品支出； f. 安全生产宣传、教育、培训支出； g. 安全生产适用的新技术、新标准、新工艺、新装备的推广应用支出； h. 安全设施及特种设备检测检验支出； i. 其他与安全生产直接相关的支出	企业应依据使用范围定期对安全生产费用使用情况进行监督检查，确保专款专用				

续上表

评价类目	评价项目		释义	评价方法	标准分值	评价标准	得分
六、设备设施(125分)	1.基础设施	桥梁上部结构、下部结构、桥面系、防排水等基础设施均符合设计和规范要求	1.《中华人民共和国公路法》第三十三条规定:公路建设项目和公路修复项目竣工后,应当按照国家有关规定进行验收;未经验收或者验收不合格的,不得交付使用; 2. 高速公路路基、路面、桥涵、隧道、高边坡等设施应符合设计、规范要求,并通过竣(交)工验收合格,才能交付使用; 3. 高速公路运营单位应依养护技术规范制订巡检和养护管理制度,按规定进行巡检和养护,保证公路处于良好技术状态	**查资料:** 1. 竣工验收资料; 2. 公路技术状况评定报告; 3. 高速公路、桥涵、隧道巡检、养护等管理制度。 **现场检查:** 巡线抽查路基、路面、大/特大桥、中长隧道、高边坡等,应符合设计和规范要求,并处于良好技术状态	35 AR	1. 未竣工验收或竣工验收不合格,就交付使用的,不得分; 2. 公路技术状况综合评定值应≥90,指数每降低1,扣1分,最高扣3分;90>指数≥80而未及时采取有效措施的,不得分; 3. 未建立路基、路面、桥涵、隧道、高边坡等基础设施管理制度,扣2分;管理制度不符合规范要求,每发现一处扣0.1分,最高扣1分; 4. 未按规定对巡检发现的隐患、病害及时养护处治或采取措施保证公路交通安全的,以每公里为单位,每发现一处扣0.2分,最高扣8分	

续上表

评价类目	评价项目		释　义	评价方法	标准分值	评价标准	得分
六、设备设施(125分)	2.交通安全设施	道路交通标志、标线、隔离栅、防护网、防眩设施、护栏、防撞等道路交通安全设施的设置及状态符合设计和规范要求	1.交通安全设施应通过竣(交)工验收后投入使用； 2.依据相关规范，高速公路护栏、标志标线、视线导标、隔离栅、防落网、中间带、连续设置中央分隔带护栏、防眩设施等交通安全设施应符合设计和规范要求，应保持完整、齐全和良好的工作状态； 3.对设施的检查、维护等均应建立台账，规范管理	**查资料：** 1.交通安全设施竣(交)工验收资料； 2.交通安全设施管理制度； 3.交通安全设施检查、养护技术档案； 4.检查、维护台账	35 AR	1.交通安全设施竣(交)工未验收或验收未合格的，就投入使用的，不得分； 2.未建立交通安全设施管理制度的，扣2分； 3.管理制度不符合相应规范要求，每发现一处，扣0.1分，最高扣1分； 4.未建立检查、维护台账，扣2分； 5.企业应按规定对交通安全设施进行检查、维修，未及时对损坏的设施进行维修，保持良好工作状态的，以千米为单位，每发现一处扣0.2分，最高扣8分： (1)交通标志、标线缺损、模糊不清的； (2)反光凸起路标、轮廓标设置不规范	

续上表

评价类目	评价项目		释义	评价方法	标准分值	评价标准	得分
六、设备设施(125分)	2.交通安全设施			**查现场:** 高速公路护栏、标志标线、视线导标、隔离栅、防落网、中间带、连续设置中央分隔带护栏、防眩设施等交通安全设施		(3)高速公路桥梁、高路堤以及路侧有悬崖、深沟、江河湖泊等路段未设置路侧护栏或缺损; (4)防撞设施缺失或不符合要求的; (5)中央分隔带护栏处未设或缺损的; (6)未设置有效防眩设施的; (7)其他隔离、标志标线、视线导标、防护设施不符合规范要求的	
	3.收费、监控、通信设备设施	收费、监控、通信系统的设备设施的配备及状态符合相关标准规范要求	高速公路营运机电系统和生产设备主要包括:各类电子设备,包括电子计算机、收费系统、监控系统、通信系统等;高速公路养护、清障施救等。 企业应按规定定期对收费、监控、通信、供配电系统等机电设备检查、检测和维护,制定专人负责管理,并做好维护台账	**查资料:** 1.应建立收费、监控、通信、供配电系统等机电设施安全管理制度; 2.查机电设备设施台账; 3.查定期检查、检测、维护记录	20 AR	1.未建立收费、监控、通信、供配电系统等机电设备管理制度的,扣2分,制度不完善的,扣0.5分; 2.未按规定建立机电设备管理台账的,扣2分; 3.未指定专人负责机电设备管理的,扣1分	

续上表

评价类目	评价项目		释　义	评价方法	标准分值	评价标准	得分
六、设备设施(125分)	3.收费、监控、通信设备设施			**询问：** 机电设备管理人员岗位职责及日常巡检、维护情况。 **查现场：** 供电等设备设施应有可靠的保护接零或接地措施，符合国家标准，配置火灾自动报警器、烟雾火警信号装置、监视装置、灭火装置、应急照明和防止小动物进入等安全设施。自备发电机应设置发电机房，自备发电机不应与供电网连接		4.未按规定定期对收费、监控、通信、供配电系统等机电设备进行检查、检测和维护的，每发现一处不符合，扣0.2分，最高扣5分； 5.公路、桥梁、隧道的排水、通风、照明、监控、报警、消防、救助等设施应处于完好状态，每发现一处不符合，扣0.2分，最高扣5分	

续上表

评价类目	评价项目		释义	评价方法	标准分值	评价标准	得分
六、设备设施(125分)	4. 服务设施	服务区(停车区)内布局合理,标志、标牌、标线设置规范、清晰	高速公路应按《公路工程技术标准》(JTGB01—2014)标准设置服务区。 服务区(停车区)、加油站、餐饮、超市等经营单位应具备相应资质。 服务区应按规定配置消防设施、标志,并定期检查、维护。消防通道、疏散通道须保持畅通。 服务区各场所供电、供气、供油、供水等设备设施应符合国家标准和规范。 服务区标志、标牌、标线设置规范、清晰,人流、车流的路线明确、简捷、安全	**查资料:** 1. 服务区加油站、餐厅、超市、住宿、汽车维修等经营资质证明; 2. 服务区各类设施管理制度; 3. 消防设施布置图。 **询问:** 服务区负责人各类服务设施设置及管理情况。 **查现场:** 1. 服务区餐饮住宿、超市、加油站、旅汽车维修、充电桩等设施是否满足相关安全标准要求; 2. 查看现场消防应急设施装备、标志标线配置是否符合规范要求,消防通道、疏散通道是否畅通	20	1. 加油站、服务区餐饮、超市等经营单位未取得相关经营资质的,扣2分; 2. 服务区、停车区未按标准或规范设置的,扣2分; 3. 服务区布局不合理,公共厕所、加油站、车辆维修、供水、供电等配套设施不齐全或不满足相应安全规范要求的,每发现一处扣1分; 4. 服务区标志、标牌、标线等设置不规范,每发现一处扣1分; 5. 服务区无消防布置图,未按规定配置消防设施、标志,未定期检查、维护。消防通道、疏散通道未保持畅通,扣2分	

续上表

评价类目	评价项目		释　义	评价方法	标准分值	评价标准	得分
六、设备设施(125分)	5.养护清障设备	养护、清障救援等设备的状态应符合相关标准的要求	企业应加强对养护、清障施救设备的维护，建立管理台账，定期检修并做好记录。 对企业自己配置的养护、清障施救等生产设备，要严格按照《公路养护技术规范》11.2.9规定，加强养护维修机具的操作安全防范和维护。养护机械的操作、维修按有关规定执行。对管辖的协作单位参照规定，对配置的养护、清障施救等生产设备加强管理。 养护、清障施救作业实施外包的，企业应监督检查外包单位对养护、清障施救生产设备的检查维修情况，并做好检查记录和相关台账资料的搜集	**查资料：** 1.养护、清障、救援等设备安全管理制度； 2.设备管理台账； 3.养护、清障、救援等设备定期检查、维修记录。 **现场查看：** 设备使用维修情况	5 ★★	按规定定期进行检查维修，并建立养护、清障救援等生产设备管理台账	

续上表

评价类目	评价项目		释义	评价方法	标准分值	评价标准	得分
六、设备设施(125分)	6.管理设施	①消防、供配电、供水、污水处理、建(构)筑物、防雷、用电用气用油设备、公务车辆等设备设施的配备及状态符合相关标准要求	(1)服务区、收费站等房建设施消防设施、消防标志配置以及防雷设施应符合消防设计规范。 (2)收费站金库等重要部位防盗设施应符合安全要求	**查资料:** 服务区、收费站消防设施、标志配置。 **查现场:** 现场查看收费站金库、服务区等重要部位防盗设施设置情况	5 ★★	1.服务区、收费站等房屋建筑设施应符合消防、防雷等技术要求; 2.收费站金库等重要部位防盗设施应符合安全要求的	
		②定期对消防、供配电、供水、污水处理、建(构)筑物、防雷、用电用气用油设备、公务车辆等设备设施进行检查、维护,保证其处于良好的状态	(1)企业应定期应对服务区、收费站、监控中心等房屋建筑设施消防、防雷设施等进行定期检查、维护。 (2)企业应对收费站管理用房及收费大棚等设施进行维护,并保存记录	**查资料:** 1.定期对消防、供配电、供水、污水处理、建(构)筑物、防雷、用电用气用油设备、公务车辆等设备设施进行检查、维护,查记录; 2.消防、供配电、供水、污水处理、建(构)筑物、防雷、用电用气用油设备、公务车辆等设备设施管理档案。 **查现场:** 消防、供配电、供水、污水处理、建(构)筑物、防雷、用电用气用油设备、公务车辆等设备设施使用状态	5	1.未按规定对消防、供配电、供水、污水处理、建(构)筑物、防雷、用电用气用油设备、公务车辆等设备设施等进行定期检查、维护的,每发现一处扣1分,最高扣5分; 2.未建立消防、供配电、供水、污水处理、建(构)筑物、防雷、用电用气用油设备、公务车辆等设备设施管理台账,扣3分; 3.消防、供配电、供水、污水处理、建(构)筑物、防雷、用电用气用油设备、公务车辆等设备设施等未处于良好的状态,每发现一处扣1分,最高扣5分	

续上表

评价类目	评价项目		释义	评价方法	标准分值	评价标准	得分
七、科技创新与信息化(40分)	1.科技创新及应用	①企业应积极将科技成果应用在公路桥梁运营安全管理当中,积极在公路事故预防预警、防治控制、抢险处置等方面开展创新管理,积极开展安全生产科技攻关或课题研究	企业应组织或参与相关部门、机构组织的高速公路营运安全保障等科技攻关或课题研究活动,不断提高安全生产管理水平	**查资料:** 企业安全生产科技攻关或课题研究相关资料	5	未组织开展相关安全生产科技攻关和课题研究的,不得分	
		②企业应积极应用安全性能可靠、先进适用的新技术、新工艺、新设备和新材料	企业或基层单位应积极应用“四新”技术等现代化科技手段,不断淘汰技术落后的生产设施设备,优先使用先进的、安全性能可靠的“四新”技术,优先选购安全、高效、节能的先进设备	**查资料:** 企业推广应用“四新”等安全先进科技的资料或取得的成果。 **查现场:** “四新”应用	5	未推广使用“四新”(新工艺、新技术、新材料、新设备)等现代科技手段的,不得分	

续上表

评价类目	评价项目		释义	评价方法	标准分值	评价标准	得分
七、科技创新与信息化(40分)	2.科技信息化	①应推广使用道路全程监控系统,协助做好道路交通突发事件信息收集、发布、指挥、调度	高速公路营运企业应当建立智能化程度较高、资源配置合理、监控效果明显、管理方便的全程监控系统,以强化对道路交通事件的管控能力	**查资料:** 监控系统建设相关资料。 **查现场:** 看重点路段监控系统设置情况	10 AR	1. 未应用推广道路全程监控系统的,或未实现全线的全程监控、动态信息发布和交通诱导的,每缺一项扣1分; 2. 未应用推广道路分段监控系统的,不得分	
		②应纳入交通行业主管部门应急指挥平台,参与配合处置各类道路交通突发事件	道路全程监控系统应通过省级交通应急指挥平台纳入路网监测与信息管理系统。按要求参与配合各类道路交通事件的指挥、协调、处置	**查资料:** 查阅信息报送记录、相关通报、道路交通事故处置记录等。 **查现场:** 监控系统	10 ★★	1. 应纳入省级应急指挥平台; 2. 信息上报应及时,不影响指挥、协调、处置各类道路交通事件	
		③应积极建立安全生产管理系统或平台	企业应建立安全生产管理系统或平台,具备收集、汇总、保存和发布企业安全管理信息等功能。 公路桥梁运营企业应建立养护管理系统和健康监测系统	**查现场:** 1. 安全生产管理系统或平台; 2. 公路桥梁养护管理系统和健康监测系统	10	1. 未建立安全生产管理系统或平台,不得分; 2. 公路桥梁未建立养护管理和健康监测系统,不得分; 3. 管理系统或平台不能正常使用,每处扣2分	

续上表

评价类目	评价项目		释义	评价方法	标准分值	评价标准	得分
八、教育培训(90分)	1.培训管理	①企业应按规定开展安全教育培训,明确安全教育培训目标、内容和要求,定期识别安全教育培训需求,制定并实施安全教育培训计划	企业应确定安全教育和培训主管部门,按规定及岗位需要,定期识别安全教育和培训需求,制定、实施安全教育和培训计划,提供相应的资源保证。 《中华人民共和国安全生产法》第十八条规定:生产经营单位的主要负责人对本单位安全生产工作负有下列职责:(三)组织制定并实施本单位安全生产教育和培训计划	**查资料:** 1.安全教育和培训制度; 2.安全教育和培训需求识别、汇总及分析; 3.安全教育和培训计划	5	1.未制定安全教育和培训制度,扣3分; 2.安全教育和培训制度内容未明确培训主管部门、培训需求和培训计划的制定等,每项扣1分; 3.未定期识别培训需求的,扣2分; 4.未根据培训需求制定培训目标、培训计划的,扣2分; 5.培训计划内容未覆盖生产经营范围,不具有操作性的每项扣1分	
		②企业应组织安全教育培训,保证安全教育培训所需人员、资金和设施	《安全生产培训管理办法》第十条规定:生产经营单位应当建立安全培训管理制度,保障从业人员安全培训所需经费,对从业人员进行与其所从事岗位相应的安全教育和培训; 《生产经营单位安全培训规定》第二十一条规定:生产经营单位应当将安全培训工作纳入本单位年度工作计划。保证本单位安全培训工作所需资金	**查资料:** 1.培训教育计划和记录; 2.安全费用投入计划。 **现场检查:** 询问管理、现场不同岗位3~5人接受安全教育的情况	5	1.未按照培训计划开展安全教育和培训的,每项(或人)扣1分; 2.培训所需的必要人员、资金和设施未得到保证的,每项扣1分	

续上表

评价类目	评价项目		释义	评价方法	标准分值	评价标准	得分
八、教育培训（90分）	1.培训管理	③企业应做好安全教育培训记录，建立从业人员安全教育培训档案	《生产经营单位安全培训规定》第二十二条规定：生产经营单位应当建立健全从业人员安全生产教育和培训档案，由生产经营单位的安全生产管理机构以及安全生产管理人员详细、准确记录培训的时间、内容、参加人员以及考核结果等情况	**查资料：** 1.各类安全教育的记录； 2.从业人员安全教育和培训档案	10 AR	1.未对安全教育和培训做好记录的每次扣2分； 2.安全教育和培训档案记录不准确的（培训时间、培训内容、主讲老师、参训人员、考核结果）每项扣0.5分	
		④企业应组织对培训效果的评估，改进提高培训质量	为了更好地落实实施继续教育和培训计划，企业应在每次教育和培训结束后，对培训效果进行评审，以便及时发现培训过程中存在的问题，制定解决或优化方案，调整培训计划，改进提高培训教育质量	**查资料：** 1.培训教育计划和记录； 2.培训效果评估记录、改进措施相关文件	5	1.无培训效果评估及改进措施，每缺一次扣1分； 2.培训效果评估不真实的或改进措施不具体的，每项扣0.5分	

续上表

评价类目	评价项目		释义	评价方法	标准分值	评价标准	得分
八、教育培训(90分)	2.资格培训	①企业的特种设备作业人员应按有关规定参加安全教育培训,取得《特种设备作业人员证》后,方可从事相应的特种设备作业或者管理工作,并按规定定期进行复审	《特种设备作业人员监督管理办法》第二条规定:锅炉、压力容器(含气瓶)、压力管道、电梯、起重机械、客运索道、大型游乐设施、场(厂)内机动车辆等特种设备的作业人员及其相关管理人员统称特种设备作业人员。特种设备作业人员作业种类与项目目录见本办法附件。从事特种设备作业的人员应当按照本办法的规定,经考核合格取得《特种设备作业人员证》,方可从事相应的作业或者管理工作。 《特种设备作业人员监督管理办法》第二十二条规定:《特种设备作业人员证》每4年复审一次。持证人员应当在复审期满3个月前,向发证部门提出复审申请。复审合格的,由发证部门在证书正本上签章。对在2年内无违规、违法等不良记录,并按时参加安全培训的,应当按照有关安全技术规范的规定延长复审期限	**查资料:** 1.特种设备台账; 2.特种设备作业人员台账; 3.特种作业人员的《特种设备作业人员证》	10 AR	1.特种设备作业人员应取得《特种设备作业人员证》; 2.《特种设备作业人员证》应定期复审; 3.应建立特种设备作业人员台账(内容包括岗位、姓名、特种设备作业人员证编号、初次取证时间、复审时间、有效期等)	

续上表

评价类目	评价项目		释义	评价方法	标准分值	评价标准	得分
八、教育培训(90分)	2.资格培训		复审不合格的应当重新参加考试。逾期未申请复审或考试不合格的,其《特种设备作业人员证》予以注销。 跨地区从业的特种设备作业人员,可以向从业所在地的发证部门申请复审				
		②企业的特种作业人员应经专门的安全技术培训并考核合格,取得《中华人民共和国特种作业操作证》后,方可上岗作业,并按规定定期进行复审。离开特种作业岗位6个月以上的特种作业人员,应重新进行实际操作考试,经确认合格后方可上岗作业	《中华人民共和国安全生产法》第二十七条规定:生产经营单位的特种作业人员必须按照国家有关规定经专门的安全作业培训,取得相应资格,方可上岗作业。 特种作业人员的范围由国务院安全生产监督管理部门会同国务院有关部门确定	**查资料:** 1. 特种作业人员台账; 2.《中华人民共和国特种作业操作证》	10 AR	1. 特种作业人员未持证上岗或《中华人民共和国特种作业操作证》到期未进行复审,每人扣1分; 2. 离开特种作业岗位6个月以上的特种作业人员,未重新进行实际操作考试,经确认合格后上岗作业的每人扣1分; 3. 未建立特种作业人员台账的(内容包括特种作业工种、姓名、特种作业操作证书编号、初次取证时间、复审时间、有效期等),每缺1人扣1分	

续上表

评价类目	评价项目		释义	评价方法	标准分值	评价标准	得分
八、教育培训(90分)	3.宣传教育	企业应组织开展安全生产的法律、法规和安全生产知识的宣传、教育	企业应将安全生产法律法规的培训要求，纳入到企业制定的安全学习培训制度中，将适用的安全生产法律法规、标准规范及其他要求及时传达给从业人员。企业应对新的重要的法律法规进行专门培训，并对学习情况进行考核	**查资料：** 安全生产法律法规、标准及其他要求宣传、培训相关记录资料。 **询问：** 询问3～5人接受安全生产的法律、法规和安全生产知识的宣传、教育情况	5	1. 无安全生产法律法规、标准及其他要求宣传、培训相关记录资料的（培训通知、培训签到表、培训记录表、培训效果评估），扣3分； 2. 至少随机抽查3～5名人员，不熟悉本岗位适用的安全生产法律法规、标准及其他要求的，每人扣1分	
	4.从业人员培训	①未经安全生产培训合格的从业人员，不得上岗作业	《中华人民共和国安全生产法》第二十五条规定：生产经营单位应当对从业人员进行安全生产教育和培训，保证从业人员具备必要的安全生产知识，熟悉有关的安全生产规章制度和安全操作规程，掌握本岗位的安全操作技能，了解事故应急处理措施，知悉自身在安全生产方面的权利和义务。未经安全生产教育和培训合格的从业人员，不得上岗作业	**查资料：** 1. 从业人员安全教育和培训档案； 2. 企业从业人员档案	5	1. 新进人员，未经培训合格上岗作业的，每人次扣1分； 2. 生产经营单位的主要负责人和安全生产管理人员未经主管负有安全生产监督管理职责的部门对其安全生产知识和管理能力考核合格的，每人次扣1分	

续上表

评价类目	评价项目		释　义	评价方法	标准分值	评价标准	得分
八、教育培训(90分)	4.从业人员培训		《中华人民共和国安全生产法》第二十四条规定:生产经营单位的主要负责人和安全生产管理人员必须具备与本单位所从事的生产经营活动相应的安全生产知识和管理能力。 危险物品的生产、经营、储存单位以及矿山、金属冶炼、建筑施工、公路桥梁运营企业的主要负责人和安全生产管理人员,应当由主管的负有安全生产监督管理职责的部门对其安全生产知识和管理能力考核合格。考核不得收费				
		②从业人员应每年接受再培训,培训时间不得少于规定学时	《中华人民共和国安全生产法》第二十五条规定:生产经营单位应当对从业人员进行安全生产教育和培训,保证从业人员具备必要的安全生产知识,熟悉有关的安全生产规章制度和安全操作规程,掌握本岗位的安全操作技能。未经安全生产教育和培训合格的从业人员,不得上岗作业	**查资料:** 从业人员安全培训教育档案	5	1.企业年度安全教育和培训计划未明确从业人员每年接受再培训的,扣2分; 2.未按照培训计划要求组织开展从业人员年度再培训的,每少一次扣2分; 3.从业人员年度再培训少于规定学时的,每少1人扣1分	

续上表

评价类目	评价项目		释　义	评价方法	标准分值	评价标准	得分
八、教育培训(90分)	4.从业人员培训		《生产经营单位安全培训规定》第九条：生产经营单位主要负责人和安全生产管理人员初次安全培训时间不得少于32学时。每年再培训时间不得少于12学时				
		③对离岗一年重新上岗、转换工作岗位的人员，应进行岗前培训。培训内容应包括安全法律法规、安全管理制度、岗位操作规程、风险和危害告知等，与新岗位安全生产要求相符合	《生产经营单位安全培训规定》规定：从业人员在本生产经营单位内调整工作岗位或离岗一年以上重新上岗时，应当重新接受车间（工段、区、队）和班组级的安全培训	**查资料：** 从业人员安全培训教育档案	5	对离岗一年重新上岗、转换工作岗位的人员未进行岗前安全培训教育，每人次扣2分	

续上表

评价类目	评价项目		释　义	评价方法	标准分值	评价标准	得分
八、教育培训(90分)	4.从业人员培训	④应对新员工进行三级安全教育培训,经考核合格后,方可上岗。培训时间不得少于规定学时	《生产经营单位安全培训规定》第十二条规定:加工、制造业等生产单位的其他从业人员,在上岗前必须经过厂(矿)、车间(工段、区、队)、班组三级安全培训教育。 生产经营单位应当根据工作性质对其他从业人员进行安全培训,保证其具备本岗位安全操作、应急处置等知识和技能。 《生产经营单位安全培训规定》第十三条规定:生产经营单位新上岗的从业人员,岗前安全培训时间不得少于24学时	**查资料:** 1.对新员工的三级安全教育记录; 2.三级安全教育后的考核记录; 3.员工名册,必要时抽查劳动合同	10 AR	1.未对新员工进行三级安全教育的,每人次扣1分; 2.存在三级安全教育考核不合格上岗员工的,每人次扣1分; 3.三级安全教育学时少于24学时的,每人次扣1分	
		⑤企业使用被派遣劳动者的,应纳入本企业从业人员统一管理,进行岗位安全操作规程和安全操作技能的教育和培训	《中华人民共和国安全生产法》第二十五条规定:生产经营单位使用被派遣劳动者的,应当将被派遣劳动者纳入本单位从业人员统一管理,对被派遣劳动者进行岗位安全操作规程和安全操作技能的教育和培训。劳务派遣单位应当对被派遣劳动者进行必要的安全生产教育和培训	**查资料:** 1.劳务派遣人员名单; 2.安全教育和培训档案	5	劳务派遣人员未进行岗位安全操作规程和安全操作技能教育和培训的,每人次扣1分	

续上表

评价类目	评价项目		释　义	评价方法	标准分值	评价标准	得分
八、教育培训(90分)	4.从业人员培训	⑥应在新技术、新设备投入使用前,对管理和操作人员进行专项培训	《中华人民共和国安全生产法》第二十六条规定:生产经营单位采用新工艺、新技术、新材料或者使用新设备,必须了解、掌握其安全技术特性,采取有效的安全防护措施,并对从业人员进行专门的安全生产教育和培训	**查资料:** 1.新技术、新设备投入使用资料; 2.安全教育和培训档案。 **询问:** 现场询问新技术、新设备岗位人员培训情况	5	1.新技术、新设备投入使用前,未对管理和操作人员进行专项培训的,每人次扣2分; 2.专项培训记录档案资料不完善的,每人次扣1分	
	5.规范档案	企业应当建立安全生产教育和培训档案,如实记录安全生产教育和培训的时间、内容、参加人员以及考核结果等情况	《中华人民共和国安全生产法》第二十五条规定:生产经营单位应当建立安全生产教育和培训档案,如实记录安全生产教育和培训的时间、内容、参加人员以及考核结果等情况	**查资料:** 1.培训教育计划和记录; 2.培训效果评估记录、改进措施相关文件。 **现场检查:** 询问3~5人接受安全教育的情况	5	1.无教育和培训档案记录不得分; 2.教育和培训档案记录不真实、不准确的(培训的时间、内容、参加人员以及考核结果),每处扣1分	

续上表

评价类目	评价项目		释义	评价方法	标准分值	评价标准	得分
九、作业管理(235分)	1.现场作业管理	①应建立作业安全操作规程,明确责任部门以及作业前、作业中、作业后的安全要求,并严格按照规程要求执行	企业应建立涉路(跨越、穿越、架设、埋设等)作业审批管理制度,明确责任部门、人员、审批要求等,并严格按要求执行	**查资料:** 1. 涉路(跨越、穿越、架设、埋设等)作业审批制度; 2. 制度应明确责任部门、人员和审批要求等; 3. 涉路(跨越、穿越、架设、埋设等)作业审批资料,是否符合审批工作流程	5	1. 未建立涉路(跨越、穿越、架设、埋设等)作业审批管理制度的,不得分; 2. 涉路作业审批管理制度未明确责任部门、人员、审批要求等的,扣2分; 3. 未履行审批管理职责的,扣5分	
		②对危险性较高的作业活动实施作业许可管理,严格履行审批手续	因工程建设需要占用、挖掘公路,或者跨越、穿越公路架设、增设管线设施的,施工作业单位应当在公路管理机构批准的路段和时间内施工作业,并在距离施工作业地点来车方向安全距离处设置明显的安全警示标志,采取防护措施;施工完毕,应当及时清除公路上的障碍物,消除安全隐患,经公路管理机构和公安机关交通管理部门验收合格,符合通告要求后,及时恢复通告	**查资料:** 1. 查阅企业是否制定作业许可管理相关制度; 2. 抽查占用、挖掘公路,或者跨越、穿越公路架设、增设管线设施的施工方案及报备审批	5 ★★	1. 应对危险性较高作业活动实施作业许可管理,履行审批手续; 2. 作业方案应包含危害因素分析和安全措施等内容	

续上表

评价类目	评价项目		释义	评价方法	标准分值	评价标准	得分
九、作业管理(235分)	1.现场作业管理	③现场作业人员具有与其岗位和工作内容相符合的资质条件,根据有关要求持证上岗	企业收费、养护施工、清障施救等从业人员应具备上岗条件,特种设备人员应具备相应资质条件	**查资料:** 1.企业相关人员上岗培训、考核、证件资料; 2.人员台账	5 ★★	从业人员应具有相关上岗条件	
		④应对作业人员进行安全告知及安全技术交底	企业应通过公路出入口、沿线可变信息板等设施及时公告施工、检测、清障施救等作业信息,向同行车辆和人员警示、提示。 企业下达生产任务的同时,应对作业人员进行安全告知及安全技术交底,布置安全生产工作要求,包括安全生产工作的相关要求、注意事项,作业现场危险因素、应该采取的安全措施和个人劳动防护用品正确佩戴等	**查资料:** 1.安全告知及安全技术交底记录等; 2.施工、检测、清障施救等作业时公告发布相关记录资料。 **查现场:** 巡线查看公路出入口、沿线可变信息板信息发布情况	5 AR	1.未对作业人员进行安全告知及安全技术交底,不得分; 2.对作业人员进行安全告知及安全技术交底不充分、不及时、不合理的,扣1~3分; 3.未及时如实利用可变情报板等媒介公告施工、检测等作业信息的,每次扣2分,最高扣5分	

续上表

评价类目	评价项目		释义	评价方法	标准分值	评价标准	得分
九、作业管理(235分)	1.现场作业管理	⑤应指定专人对危险性较高的作业活动进行现场旁站	对养护、清障施救等危险作业,应当安排专门人员进行现场安全管理,确保操作规程的遵守和安全措施的落实	**查资料:** 1.安全日志、施工日志; 2.危险作业安全监督管理办法; 3.查旁站记录。 **查现场:** 危险作业施工	5	1.企业应指定专人对养护、清障施救等危险作业进行现场管理的,不得分; 2.未明确危险作业现场安全管理办法的,扣2分; 3.无旁站记录,扣2分	
		⑥应为从业人员配备与岗位相适应的符合国家标准或行业标准的劳动防护用品,并监督、教育从业人员按使用规则佩戴、使用	应制定从业人员配备与岗位相适应的符合国家标准或行业标准的劳动防护用品的发放标准,并对从业使用、佩戴劳动防护用品情况进行监督、教育从业人员按使用规则佩戴、使用	**查资料:** 1.是否制定从业人员配备与岗位相适应的符合国家标准或行业标准的劳动防护用品标准; 2.劳动防护用品发放记录; 3.监督、教育和培训记录。 **查现场:** 从业人员按使用规则佩戴、使用情况	5	1.没有从业人员配备与岗位相适应的符合国家标准或行业标准的劳动防护用品标准,扣3分; 2.劳动防护用品发放记录不全、缺失,扣2分; 3.没有监督、教育和培训记录,扣2分,不齐,扣分1分	

续上表

评价类目	评价项目		释　义	评价方法	标准分值	评价标准	得分
九、作业管理（235分）	1.现场作业管理	⑦从业人员应严格执行操作规程和安全生产作业规定，严禁违章指挥、违章操作、违反劳动纪律	1.作业人员严格执行操作规程和安全生产作业规定，严禁违章指挥、违章操作、违反劳动纪律，正确使用安全防护用具。 2.《中华人民共和国安全生产法》第五十四条规定：从业人员在作业过程中，应当严格遵守本单位的安全生产规章制度和操作规程，服从管理，正确佩戴和使用劳动防护用品。 《国务院关于进一步加强企业安全生产工作的通知》要求，企业要健全完善严格的安全生产规章制度，坚持不安全不生产。加强对生产现场监督检查，严格查处违章指挥、违规作业、违反劳动纪律的“三违”行为	**查现场：** 查看员工是否正确使用安全防护用具，是否存在“三违”现象	5	1.现场存在违章指挥、违章操作和违反劳动纪律行为的，每人次扣1分，最高扣5分； 2.未使用或未正确使用防护用具的，每人次扣1分，最高扣5分	

续上表

评价类目	评价项目		释义	评价方法	标准分值	评价标准	得分
九、作业管理(235分)	1.现场作业管理	⑧现场作业区域,未经允许,禁止无关人员进入	1.建立完善的安全生产检查制度,进行定期和专项安全检查,做好安全检查记录。 2.作业现场应指定专人对危险作业进行监控,严格执行巡回检查制度,严禁无关人员进入作业区域	**查资料:** 1.安全检查制度; 2.安全检查记录。 **查现场:** 作业现场、监控记录	5	1.未建立和执行现场安全检查制度的,扣3分; 2.有无关人员进入危险作业场所的,每人次扣1分,最高扣2分	
	2.安全值班	应制定并落实安全生产值班计划,重要时期实行领导到岗带班,有值班记录台账	企业应制定落实安全生产值班计划和值班制度,重要时期实行领导到岗带班,有值班记录台账。 《国务院关于进一步加强企业安全生产工作的通知》要求,重要时期企业主要负责人和领导班子成员要轮流现场带班	**查资料:** 1.值班计划和制度; 2.值班记录	5	1.未制定值班计划和值班制度的,扣2分; 2.重要时期领导未到岗带班的,扣2分; 3.未建立值班记录台账的,扣1分	

续上表

评价类目	评价项目		释　义	评价方法	标准分值	评价标准	得分
九、作业管理(235分)	3.相关方管理	①企业应明确和执行对公路养护单位、服务区服务项目经营者、承包商及其他相关方的安全管理制度，在其服务活动中签订并保存安全协议，明确双方安全责任和安全管理要求	企业应建立和完善外协、外包等相关方的安全管理制度，对相关方安全生产许可证、资质、资格符合法律法规相关要求进行审查； 在与协作单位签订合同的同时，还应签订安全生产协议，明确双方各自的安全责任、安全管辖范围以及联系人等。 安全生产协议应使各单位对该作业区域安全生产状况有一个整体的把握，做到职责清楚，分工明确	**查资料：** 1. 相关方准入机制和管理制度； 2. 相关方安全生产许可证、资质、资格是否符合法律法规和管理制度的相关要求； 3. 与协作单位签订的安全生产协议，是否明确双方各自的安全责任	5	1. 未制定相关方准入机制和管理制度，不得分； 2. 未与相关方签订安全协议，每家扣2分； 3. 协议未明确双方各自的安全责任的，每家扣1分	
		②企业应对两个或两个以上相关方共同生产作业进行统一安全管理，明确职责并落实到位	两个以上生产经营单位在同一作业区域内进行生产经营活动，可能危及对方生产安全的，应当签订安全生产管理协议，明确各自的安全生产管理职责和应当采取的安全措施，并指定专职安全生产管理人员进行安全检查与协调	**查资料：** 同一作业区域内进行生产经营活动的相关方签定的安全生产管理协议，有明确安全管理职责。 **查现场：** 现场查看同一作业区域内安全协议落实情况	5	1. 未对共同生产作业的相关方进行统一安全管理的，扣3分； 2. 未明确相关方各自安全职责的，扣2分	

续上表

评价类目	评价项目		释义	评价方法	标准分值	评价标准	得分
九、作业管理(235分)	3.相关方管理	③企业应落实相关方安全监督管理职责,严格执行作业前准备、作业过程、表现评估等管理,并建立合格相关方名录和档案	1.对相关方实施安全监督管理; 2.执行作业前准备、作业过程、表现评估等相关方监督管理职责; 3.建立合格相关方名录和档案	**查资料:** 相关方安全监督管理职责履行情况资料(包括会议、检查、培训、评估等),有合格相关方名录和档案。 **查现场:** 现场查看管理制度执行情况	5	1.未明确对相关方安全监督管理职责的,不得分; 2.未严格执行作业前准备、作业过程、表现评估等相关方监督管理职责的,不得分; 3.未建立合格相关方名录和档案的,扣2分	
	4.工作环境	工作、生活场所的布置应符合安全、消防和职业健康要求,疏散距离合理,消防通道畅通,各种设施布局合理	企业应当为劳动者创造符合国家职业健康标准和卫生要求的工作环境和条件,并采取措施保障劳动者获得职业健康保护	**查现场:** 检查企业和基层单位工作、生活场所布置和设施布局是否符合安全、消防和职业健康要求	5	工作、生活场所的布置不符合安全、消防和职业健康要求的,每处扣1分,最高扣5分	

续上表

评价类目	评价项目		释　义	评价方法	标准分值	评价标准	得分
九、作业管理(235分)	5.警示标志	存在危险因素的场所和设备设施,应设置明显的安全警示标志,警示、告知危险种类、后果及应急措施	企业应在较大危险因素的配电房、发电机、机房等场所,可能存在危险因素的机电设备以及变压器、锅炉等设备设施设置明显的安全警示标志,警示、告知危险种类、后果及应急措施。 警示标识、标志应符合《安全标志及使用导则》(GB2894—2008)、《工作场所职业病危害警示标识》(GBZ153—2003)	**查现场**: 1.查看作业场所和设备设施中是否存在危险因素; 2.存在危险因素的作业场所、设备设施是否设置警戒区域和明显安全警示标志	5	1.未设置明显安全警示标志的,不得分; 2.未明确危险种类、后果及应急措施的,不得分; 3.标志、标识不符合规范要求的,扣2分	
	6.养护管理	①应制定养护日常巡查制度,明确巡查内容、频率、要求,记录完整	《收费公路管理条例》第二十六条规定:收费公路经营管理者应当按照国家规定的标准和规范,对收费公路及沿线设施进行日常检查、维护,保证收费公路处于良好的技术状态,为通行车辆及人员提供优质服务	**查资料**: 1.公路桥梁养护管理制度; 2.养护作业标准和规范; 3.养护相关记录。 **查现场**: 巡线	5 AR	1.未依据有关标准和规范制定养护管理制度,明确日常检查、养护管理要求的,不得分; 2.未按要求对高速公路及沿线设施进行日常检查维护,不得分; 3.高速公路未处于良好技术状态的,不得分; 4.养护技术档案等内业资料不规范和完整的,每发现一处扣0.1分,最高扣2.5分	

续上表

评价类目	评价项目		释　义	评价方法	标准分值	评价标准	得分
九、作业管理(235分)	6.养护管理	②企业自身不具有养护资格和能力的,应当依法通过招标等方式,委托具有相应能力的公路桥梁养护单位进行养护,并报行业管理机构备案	高速公路养护资质—根据《公路养护工程市场准入暂行规定》的要求向所在省交通主管部门公路管理机构申请办理。若跨省进行养护作业,需在工程所在地交通部门申请进入当地市场。公路养护资质分为三类五级	**查资料:** 1. 高速公路养护单位应具有高速公路养护资质; 2. 是否通过招标方式并报公路管理机构备案	5	1. 高速公路养护单位不具有高速公路养护资质的,不得分; 2. 未通过招标方式或未报公路管理机构备案的,扣3分	
		③应编制和实施公路桥梁年度养护计划	《公路养护技术规范》定期对路面的技术状况进行调查和评定,应以路面管理系统分析结果科学制订公路养护维修计划。 路面损坏分类、技术状况抽查方法和频率,应按现行的《公路技术状况评定标准》评定,并遵守各类专用施工技术规范,如沥青路面、桥梁、隧道等,针对不同情况,按照国家规定的养护标准和定额,足额落实养护所需经费	**查资料:** 年度公路桥梁养护运行计划。 **询问:** 工程养护部门养护计划编制及执行情况	5	1. 未编制高速公路年度养护运行计划的,不得分; 2. 未足额落实养护经费的,不得分; 3. 编制的公路年度养护计划未按照路况、养护标准、检测评定结果和隐患评估报告等实际情况制订的,扣2分	

续上表

评价类目	评价项目		释　义	评价方法	标准分值	评价标准	得分
九、作业管理(235分)	6.养护管理		公路管理机构、收费公路经营管理者应当按照公路等级、里程、路况、养护定额、养护规范、检测评定结果和隐患评估报告等编制公路养护计划，分别采取各种养护对策				
		④应按规定配备桥梁养护工程师，并保持其人员的相对稳定	企业应依据《公路养护安全作业规程》《公路工程技术标准》《公路桥梁养护管理工作制度》等，配置桥梁、隧道等养护专业技术人员，并保持其人员的相对稳定。桥梁养护工程师应具有3年以上从事桥梁养护管理工作经历，具有工程师及以上技术职称	**查资料：** 1. 检查、养护管理制度； 2. 桥梁工程师制度； 3. 桥梁工程师任命文件； 4. 劳动合同	5 ★★	1. 应建立高速公路桥梁、隧道进行检查、检测。特大、大型桥梁应落实桥梁工程师制度； 2. 应按要求配置足够的桥梁、隧道等养护专业技术人员； 3. 有签订1年以上劳动合同； 4. 桥梁养护工程师满足任职要求	

续上表

评价类目	评价项目		释义	评价方法	标准分值	评价标准	得分
九、作业管理(235分)	6.养护管理	⑤应开展桥梁经常性检查、定期检查和特殊检查,留存相关活动记录并及时对检查结果进行处理	公路桥梁营运企业应加强对高速公路道路设施的养护和管理,加强道路设施的巡查,及时发现道路设施的隐患或病害,及时开展养护作业,保障道路设施处于良好的技术状态,最终保障高速公路营运的安全、快捷、舒适。 《公路养护技术规范》对高速公路路基、路面、桥涵、隧道养护做出了基本要求。 高公路养护作业应当遵守国家规定的标准和规范	**查资料:** 1.高速公路及附属设施检查管理制度;制度应明确检查方式、主体、频率、内容及其他要求; 2.巡查记录。 **查现场:** 公路及沿线设施使用状态	5 ★★	1.按照《公路养护技术规范》(JT/G H10—2009)要求,对高速公路及其附属设施开展日常养护,及时修补轻微损坏部分; 2.明确检查管理制度;检查制度应与规范要求相符; 3.应按规定频次、内容对高速公路进行巡查,巡查记录或巡查记录应完整; 4.对检查发现的病害隐患应及时养护处置	
		⑥应对航空障碍灯、梁底指示灯、桥上照明设施定期检查和维护,留存相关活动记录	公路桥梁运营企业应对航空障碍灯、梁底指示灯、桥上照明设施定期检查和维护,留存相关活动记录	**查资料:** 定期检查和维护记录	3	1.没有对航空障碍灯、梁底指示灯、桥上照明设施定期检查和维护记录,不得分; 2.记录不齐的,每缺一项,扣1分	

续上表

评价类目	评价项目		释　义	评价方法	标准分值	评价标准	得分
九、作业管理(235分)	6.养护管理	⑦桥面应保持完好,泄水管、排水槽通畅,伸缩缝无沉积物、积水,桥面栏杆无明显锈蚀或变形	公路桥梁运营企业应对桥面定期检查,桥面应保持完好,泄水管、排水槽通畅,伸缩缝无沉积物、积水,桥面栏杆无明显锈蚀或变形	**查资料:** 定期检查和维护记录	2	1. 没有定期检查记录,不得分; 2. 记录不齐的,每缺一项,扣1分; 3. 检查出问题,没有及时维护处理的,每项扣2分	
		⑧应定期开展桥下空间安全检查,桥下无堆积物、违章建(构)筑物,安全防护措施完好	公路桥梁运营企业应对桥下空间安全检查,桥下无堆积物、违章建(构)筑物,安全防护措施完好	**查资料:** 定期检查和维护记录	3	1. 没有定期检查记录,不得分; 2. 记录不齐的,每缺一项,扣1分; 3. 检查出问题,没有及时维护处理的,每项扣2分	
		⑨应对桥梁上其他设施定期检查和维护,留存相关活动记录	公路桥梁运营企业应对桥梁上其他设施定期检查和维护,留存相关活动记录	**查资料:** 定期检查和维护记录	2	1. 没有定期检查记录,不得分; 2. 记录不齐的,每缺一项,扣1分; 3. 检查出问题,没有及时维护处理的,每项扣2分	

续上表

评价类目	评价项目		释义	评价方法	标准分值	评价标准	得分
九、作业管理(235分)	6.养护管理	⑩应按规定对通航桥梁设置桥涵标、桥柱灯及桥区水域助航标志,并进行维护	公路桥梁运营企业应按规定对通航桥梁设置桥涵标、桥柱灯及桥区水域助航标志,并进行维护	**查资料:** 标志设置和维护记录。 **现场核查:** 通航桥梁设置桥涵标、桥柱灯及桥区水域助航标志情况	3	1. 没有按规定对通航桥梁设置桥涵标、桥柱灯及桥区水域助航标志,每处扣2分; 2. 没设置记录或维修记录的,每项扣2分; 3. 记录不全的,扣1分; 4. 标志不清晰或缺失、不全的,每处扣1分	
		⑪应定期组织桥梁技术状况评定,及时开展桥梁病害整治	公路桥梁运营企业应定期组织桥梁技术状况评定,及时开展桥梁病害整治。三类以上桥梁应开展监控活动,建立监控档案	**查资料:** 桥梁技术状况评定和桥梁病害整治记录	2	1. 公路桥梁运营企业未按计划定期组织桥梁技术状况评定,不得分; 2. 未根据桥梁技术状况评定发现问题开展桥梁病害整治,每次扣2分; 3. 整治工作没按要求完成的,并未说明原因的,每处扣1分; 4. 三类以上桥梁未开展监控活动,扣2分,对于三类以上桥梁未建立重点监控档案。至少包含:监控记录、检测计划和实施记录,使用情况,扣1分	

续上表

评价类目	评价项目		释义	评价方法	标准分值	评价标准	得分
九、作业管理(235分)	6.养护管理	⑫发现挡土墙病害应查明原因,采取修复、加固等措施,必要时可全部或部分拆除重建	公路桥梁运营企业发现挡土墙病害应查明原因,采取修复、加固等措施,必要时可全部或部分拆除重建	**查资料:** 1.挡土墙病害应查明原因分析资料; 2.采取的措施及完成情况	3	1.发现挡土墙病害没有查找原因,不得分; 2.原因分析不准确或不全面的,扣2分; 3.没有采取措施的,扣3分	
		⑬沿线绿化植物应管护良好,无妨碍视距、影响交通安全、遮挡标志牌等情况	公路桥梁运营企业应做好沿线绿化植物管护工作,沿线绿化植物应管护良好,无妨碍视距、影响交通安全、遮挡标志牌等情况	**现场检查:** 沿线绿化植物应管护良好,无妨碍视距、影响交通安全、遮挡标志牌等情况	2	存在沿线绿化植物妨碍视距、影响交通安全、遮挡标志牌等情况的,每处扣1分	
		⑭路面应整洁,无影响交通安全的堆积物、抛撒物、油污、积水、积雪,路面无影响交通安全的坑槽、拥包、桥头跳车等明显病害	公路桥梁运营企业应确保路面整洁,无影响交通安全的堆积物、抛撒物、油污、积水、积雪,路面无影响交通安全的坑槽、拥包、桥头跳车等明显病害	**现场检查:** 路面是否不整洁,有影响交通安全的堆积物、抛撒物、油污、积水、积雪,路面有影响交通安全的坑槽、拥包、桥头跳车等明显病害	3	路面存在不整洁,有影响交通安全的堆积物、抛撒物、油污、积水、积雪,路面有影响交通安全的坑槽、拥包、桥头跳车等明显病害的,每处扣1分	

续上表

评价类目	评价项目		释义	评价方法	标准分值	评价标准	得分
九、作业管理(235分)	6.养护管理	⑮沥青路面应进行预防性、经常性和周期性养护,根据路况巡查情况,制订日常小修保养和工程计划;对于较大范围路面损坏和达到或超过设计使用年限的路面,应及时安排大中修或改建工程	公路桥梁运营企业应对沥青路面进行预防性、经常性和周期性养护,根据路况巡查情况,制订日常小修保养和工程计划;对于较大范围路面损坏和达到或超过设计使用年限的路面,应及时安排大中修或改建工程	**查资料:** 1.路况巡查记录; 2.大中修或改建工程、日常小修保养和工程计划。 **现场检查:** 沥青路面情况	2	1.根据路况巡查情况,未按要求制订日常小修保养和工程计划,每次扣1分; 2.对于较大范围路面损坏和达到或超过设计使用年限的路面,未安排安排大中修或改建工程的,每次扣1分,不及时的,每次扣1分	
		⑯公路桥梁大中修项目应编制工程设计文件,经相关部门审核或审批通过后,方可组织实施,并按规定组织验收	公路桥梁大修或改建工程项目,应由具有相应资质的设计单位进行勘测设计;各级公路管理机构应严格养护工程管理程序,完善重大工程项目的报批和审查制度,对技术难度较大的工程项目,应组织专家进行技术论证	**查资料:** 1.大中修项目施工组织设计及审批; 2.大中修项目工程验收资料	5	1.大中修项目未按要求编制工程设计文件的,不得分; 2.大中修项目未经相关部门审核或审批通过就组织实施的,不得分; 3.大中修项目未按规定组织验收的,不得分	

续上表

评价类目	评价项目		释　义	评价方法	标准分值	评价标准	得分
九、作业管理(235分)	6.养护管理	⑰养护作业影响车辆安全行驶的,应当编制养护作业路段交通组织方案,并在实施前报公路管理机构和公安交通管理部门备案;危险性较大的养护作业应制定专项方案,并严格按照方案施工	依据《中华人民共和国公路法》:为保障公路养护人员的人身安全,公路养护人员进行养护作业时,应当穿着统一的安全标志服;利用车辆进行养护作业时,应当在公路作业车辆上设置明显的作业标志。 依据《公路养护技术规范》(JT/G H10—2009):凡在公路上进行养护维修作业和管理的人员必须穿着带有反光标志的橘红色工作服装;高速公路养护人员作业时应当穿着统一的安全标志服。 《公路养护安全作业规程》:公路养护作业应在保障养护作业人员、设备和车辆运行安全的前提下,充分考虑养护作业对交通安全状况的影响,保障交通通行。作业现场应当按规定设置施工标志、安全标志、导向标志,采取防护措施,确保车辆通行安全和畅通。作业车辆和机具应当开启黄色示警灯	**查资料:** 1.养护作业人员劳动保护用品发放记录; 2.养护作业路段交通组织方案及报备记录。 **查现场:** 养护作业人员劳动保护用品穿戴	5 AR	1.作业时未穿着统一的安全标志服的,每次扣1分,最高扣3分; 2.养护作业严重影响车辆安全行驶但未编制养护作业交通组织方案的,或未按规定备案的,每次扣1分,最高扣2分	

续上表

评价类目	评价项目		释义	评价方法	标准分值	评价标准	得分
九、作业管理(235分)	6.养护管理	⑱应按规定合理布设养护作业控制区,满足人员、设备作业要求;控制区间距应合理,现场交通标志、标线、渠化装置等安全设施设置应符合要求	公路养护企业应按规定合理布设养护作业控制区,满足人员、设备作业要求;控制区间距应合理,现场交通标志、标线、渠化装置等安全设施设置应符合要求	**查资料:** 养护作业控制区方案。 **现场检查:** 养护作业控制区	5	1.未制定养护作业控制区方案,扣2分; 2.养护作业控制区不满足要求,每项扣1分	
		⑲应定期对养护车辆、机械进行检查、维护,留存相关活动记录	公路养护企业应定期对养护车辆、机械进行检查、维护,留存相关活动记录	**查资料:** 检查、维护记录。 **查现场:** 车辆、机械情况	5	1.没有车辆、机械检查、维护保养计划的,扣2分; 2.没有养护车辆、机械进行检查、维护记录,不得分;缺失的,每辆扣1分; 3.养护车辆、机械不良的,每辆扣1分	
	7.收费管理	①应开通足够数量的收费道口,保障车辆正常通行	高速公路经营管理者应当根据车流量开通足够的收费道口,配备相应的收费人员,确保车辆快速、安全通行,不得造成车辆堵塞	**查资料:** 是否制订高峰时段收费道口拥堵疏通方案。 **查现场:** 1.收费道口车辆通行是否畅通,是否满足车流量需求; 2.有无擅自关闭车道引发车辆拥堵现象	5	1.收费道口设置不符合车辆行驶安全要求的,每个收费站扣1分,最高扣3分; 2.未开通足够数量收费道口的,每个收费站扣1分,最高扣2分	

续上表

评价类目	评价项目		释　义	评价方法	标准分值	评价标准	得分
九、作业管理(235分)	7.收费管理	②节假日、重大活动等特定时段依照国家规定施行免费通行的，应采取相应的措施，确保高速公路安全、畅通运行	2012年7月国务院同意交通运输部、国家发展改革委、财政部、监察部、国务院纠风办制定的《重大节假日免收小型客车通行费实施方案》，免费通行的时间范围为春节、清明节、劳动节、国庆节四个国家法定节假日，以及当年国务院办公厅文件确定的上述法定节假日连休日。免费时段从法定重大节假日第一天零时至节假日最后一天零时结束，车辆通过普通公路收费站收费车道的以当时通过时间为准，车辆通行高速公路的以车辆驶离出口收费车道的时间为准。凡符合《中华人民共和国公路法》和《收费公路管理条例》规定：被允许在普通收费公路行驶的7座以下载客车辆、摩托车，都可以免费通行经依法批准设置的收费公路、桥梁和隧道	**查资料：** 节假日、重大活动等特定时段执行免费通行的相关措施。 **查现场：** 抽调监控记录查看特定时段通行情况	5 ★★	应采取相应安全保畅措施	

续上表

评价类目	评价项目		释义	评价方法	标准分值	评价标准	得分
九、作业管理(235分)	8.服务区管理	①应按相关要求,对服务区的各种设备设施进行检查、维护,留存相关活动记录	高速公路服务区应当提供下列服务设施:短暂休息、停车场、饮用水供应、公共厕所等免费使用的公益性基本设施;加油、购物、餐饮以及汽车维修等经营性基本设施;绿化、水土保持、夜间照明及给排水、污水处理、备用电设备等功能性基本设施。服务区经营者应当保证服务区设施处于良好状态,保持服务区的安全、清洁、卫生	**查现场:** 查看服务区食品供应、公共厕所、加油站、消防、排污等各种设施是否处于良好的工作状态	5	服务区设施未及时维护或未保持完好并处于良好工作状态的,每发现一处,扣1分	
		②服务区内昼夜不间断正常供电、供水,停车场、公共厕所等公益性基本设施应当昼夜不间断提供服务	高速公路服务区经营单位应当向服务区的车辆、人员提供车辆加油、维修和人员休息、餐饮等服务。从事各项服务活动,应当遵守有关法律、法规和规章的规定,并接受有关主管部门的监督检查	**查现场:** 服务区内供电、供水、停车、公共厕所等是否是昼夜不间断服务	5	服务区公益性基本设施未昼夜不间断提供服务,每发现一处,扣1分	

续上表

评价类目	评价项目		释　义	评价方法	标准分值	评价标准	得分
九、作业管理(235分)	8.服务区管理	③企业应对服务区内非公路标志的设置进行统一规划，做到布局合理；对设置的非公路标志应当定期维护，确保安全	非公路标志标牌包括除国家标准规定公路标志以外的指路牌、地名牌、厂（店）名牌、宣传牌、广告牌、龙门架、电子显示屏、橱窗、灯箱和其他标牌设施等； 其中广告的设置应当符合相关法律、法规、规章的规定，并按照有关规定办理相关手续后组织实施	**查资料：** 非公路标志管理制度；定期维护记录。 **查现场：** 查看非公路标志标牌安全状态，有无破损、漏电、张贴或悬挂不牢等安全隐患	5	1. 未制定非公路标志管理制度，扣2分； 2. 未进行统一规划，设置混乱的，扣2分； 3. 未定期维护的，扣1分	
		④企业应安排专职管理人员负责停车场的秩序和安全管理，定期组织专职管理人员接受安全教育；专职管理人员负责指挥车辆按指定区域有序停放，其上岗时应当穿着统一的安全标志服；载有易燃、易爆、剧毒化学物品的车辆确需在停车场内临时停放的，专职管理人员应当引导其停放在指定区域，指定的停放区域距加油站及建筑物的距离应当符合国家规定	服务区停车场应有专职管理员负责停车场秩序和安全管理。 停车场管理员应轮流值班维护场区内车流、人流的进出、停放交通安全。 应设置易燃、易爆、剧毒化学物品的车辆指定停放区域；停放区域应符合相关要求	**查资料：** 1. 停车场专职管理人员培训教育记录； 2. 安全值班记录。 **查现场：** 1. 值班人员安全标志服； 2. 停车场秩序和停放安全管理； 3. 危险品车辆停车区安全距离、警示标识及停放管理	5	1. 未安排专职管理人员负责停车场的秩序和安全管理的，不得分； 2. 未有管理人员指挥车辆按指定区域有序停放的，扣2分； 3. 易燃、易爆、剧毒化学物品的车辆未停放在指定区域的，或指定的停放区域距加油站及建筑物的距离不符合国家规定，扣2分	

续上表

评价类目	评价项目		释义	评价方法	标准分值	评价标准	得分
九、作业管理(235分)	8.服务区管理	⑤服务区内的公共厕所地面应防滑,内部设施应保持完好	服务区公共厕所应保持卫生、清洁、设施完好。公共厕所要经常冲洗,保证不间断供水,达到无味、无蝇、无杂物。地面要经常保持清洁、干燥	**查现场:** 公共厕所内部设施应完好,应有防蚊虫、防滑措施 ,公共厕所便池卫生	5	1. 公共厕所未免费开放,或无专人管理的,不得分; 2. 公共厕所地面不防滑的,或内部设施不完好的,扣3分; 3. 公共厕所未保持卫生、清洁的,扣2分	
		⑥服务区内的加油站、加气站应满足相关方管理要求	服务区内的加油站、加气站必须具有消防部门的验收意见书、危险化学品经营许可证;应当监督加油站、加气站经营者制订详细的防火措施与灭火预案;加油站、加气站的工作人员应当持证上岗,严格执行防火安全规定和加油操作规程,经常检查并保持加油、灭火等设施及其功能完好,杜绝违章作业;加油站、加气站工作人员应当及时劝阻或者制止在加油站、加气站区域内随意停车、抽烟、打手机等影响加油站、加气站安全的行为	**查资料:** 1. 加油站、加气站消防验收; 2. 加油站、加气站危险化学品经营许可证; 3. 防火防爆安全管理制度; 4. 岗位安全操作规程。 **查现场:** 加油站、加气站工作人员持证上岗、规范操作等	5	1. 加油站、加气站未取得消防部门验收意见书、危险化学品经营许可证的,不得分; 2. 未监督加油站、加气站经营者制订详细的防火措施与灭火预案,不得分; 3. 加油站、加气站的工作人员未持证上岗,或未严格执行防火安全规定和加油操作规程,经常检查并保持加油、灭火等设施及其功能完好,或违章作业,不得分	

续上表

评价类目	评价项目		释义	评价方法	标准分值	评价标准	得分
九、作业管理(235分)	8.服务区管理					4.加油站、加气站工作人员未及时劝阻或者制止在加油站、加气站区域内随意停车、抽烟、打手机等影响加油站、加气站安全的行为,不得分	
		⑦服务区内易燃、易爆物品存放应符合相关规定	使用、存储易燃、易爆物品等应有安全防护措施和设施,应符合相关规定	**查资料:** 易燃易爆物品安全管理台账。 **查现场:** 汽车维修点、食品加工等场所易燃易爆物品存放	5	1.无易燃易爆物品安全管理台账,不得分; 2.存放易燃、易爆物品未符合相关规定的,每处扣2分	
		⑧服务区内客房服务应严格执行来客登记制度,并保持消防安全通道畅通	对外提供客房业务的服务区,应落实专职客房服务人员,服务、设施及卫生等应达到旅馆业行业标准。杜绝赌博、卖淫嫖娼、吸毒等违法事件	**查资料:** 1.服务区客房来客登记制度; 2.来客登记记录。 **查现场:** 客房消防安全管理	5	1.客房服务未严格执行来客登记制度的,不得分; 2.客房未保持消防安全通道畅通的,扣2分	

续上表

评价类目	评价项目		释义	评价方法	标准分值	评价标准	得分
九、作业管理(235分)	8.服务区管理	⑨企业应当建立24h值班制度,维护服务区良好的服务秩序,保证各项服务工作有序开展;应当配合相关执法人员及时制止、处理服务区内的破坏社会治安、影响公共卫生及损坏路产路权的行为	服务区应保持良好的环境和服务秩序,保证各项服务工作昼夜不间断有序开展。 服务区的工作人员有权制止发生在服务区内的各种不文明行为以及损害服务设施、影响服务区管理等各类违法、违规行为。服务区的秩序可由高速公路经营公司招聘专职保安人员依法、文明管理。保安人员必须做到爱岗敬业、热情服务	**查资料:** 1.服务区24h值班制度; 2.查阅值班记录台账	5	1.未建立24h值班制度,安排值班人员维护服务区良好的服务秩序的,不得分; 2.未配合相关执法人员及时制止、处理服务区内的破坏社会治安、影响公共卫生及损坏路产路权的行为的	
		⑩服务区应专门设置危险货物车辆停车区,停车区应满足相关规范要求	危险货物车辆由于存在易燃、易爆、有毒有害等危险特性,应有与周边居民、商场、加油站、学校等人车流密集区保持安全距离,设置专用停车场	**查现场:** 1.是否设置危险货物车辆专用停车区; 2.与其他车辆停车区分离; 3.视频监控	5	1.未设置易燃、易爆、剧毒等危险货物的车辆指定停放区域的,不得分; 2.危险货物停放区未与其他车辆停车区分离的,不符合相关要求的,扣2分; 3.未实现视频监控全覆盖的,扣2分	

续上表

评价类目	评价项目		释　义	评价方法	标准分值	评价标准	得分
九、作业管理(235分)	8.服务区管理		在高速公路服务区停放时，应与社会车辆、人车流密集、进出口车道、加油加气站及建筑物等保持国家规定的安全距离，服务区内应设置危货品临时停放区，做好警示标识及应急措施，服务区应设置视频监控，加强危货车辆安全监控				
		⑪企业应制定服务区突发事件应急预案，当服务区内发生突发事件时，高速公路经营管理者应按照应急预案及时处置并上报	服务区突发公共事件包括：食物中毒、自然灾害、群体治安、车辆交通事故、火灾爆炸事故(加油站、运输车辆等)等，高速公路运营单位应制订服务区各类突发公共事件应急预案，建立快速、有效的应急机制。 服务区应设置专兼职应急队伍，开展服务区从业人员应急预案培训、训练和定期演练；配备应急所需物资、设备设施。 当服务区内发生突发公共事件时，应当及时启动应急预案进行处置并上报主管机关	**查资料：** 1. 服务区突发公共事件应急预案； 2. 预案培训、训练及演练； 3. 服务区突发公共事件应急队伍建设。 **查现场：** 消防等应急物资、设备设施	5 ★★	1. 应建立服务区突发公共事件应急预案； 2. 发生突发公共事件时，应按照应急预案及时处置并上报； 3. 应配备应急所需物资、设备设施	

续上表

评价类目	评价项目		释义	评价方法	标准分值	评价标准	得分
九、作业管理(235分)	9.联网监控	①应根据实际需求设置监控(分)中心及基层监控单元,负责所辖路段运营管理工作	路段监控分中心应包括计算机系统、闭路电视系统、大屏幕显示系统、网络安全与管理系统和附属设施等 高速公路监控系统外场设备各规模等级监控系统外场设备有相关配置要求: 高速公路A级全程监控是在全线设置视频监视、动态信息发布及交通诱导设施,结合收费站、特大桥、隧道前、互通式立交、服务区等重点或有特殊需求路段,设置交通事件检测、交通量检测、环境信息检测、匝道控制设施。实现全线的全程监控、动态信息发布和交通诱导。 高速公路B级分段监控是在收费站、特大桥、互通式立交、服务区等重点或有特殊需求路段,设置视频监视、交通事件检测、交通量检测、环境信息检测、匝道控制、动态信息发布及交通诱导设施。实现全线的重点监控、动态信息发布和交通诱导	**查现场:** 监控(分)中心及基层监控单元设置	5	1.未建立监控(分)中心及基层监控单元的,不得分; 2.监控(分)中心及基层监控单元设备配置不符合要求的,不得分; 3.监控系统未结合收费站、特大桥、隧道前、互通式立交、服务区等重点或有特殊需求路段的,设置交通事件检测、交通量检测、环境信息检测、匝道控制、动态信息发布和交通诱导设施的,每一处扣1分	

续上表

评价类目	评价项目		释　义	评价方法	标准分值	评价标准	得分
九、作业管理(235分)	9.联网监控	②企业应完善监控、通信等系统设施，达到联网运行的标准和要求，并应加强设备和设施维护，使其处于良好的技术状况，保证联网运行系统的正常工作	依据《公路网运行监测与服务暂行技术要求》《公路工程技术标准》《高速公路监控技术要求》等，高速公路运营企业应完善公路附属监控、通信等系统设施，达到联网运行的标准和要求，并加强设备和设施维护，使其处于良好的技术状况，保证联网运行系统的正常工作	**查现场：** 监控、通信信息系统设备和设施维护及运行情况	5	监控、通信系统未达到联网运行的标准和要求的，每处扣2分	
	10.信息服务	企业应建立高速公路信息发布制度和平台，通过网站、服务热线、电子诱导系统等向社会提供高速公路交通路况、气象预警等出行信息服务	企业应建立高速公路信息发布制度，明确信息发布内容、原则、程序、信息发布语	**查资料：** 1. 应建立高速公路信息发布制度； 2. 高速公路交通状况、气象预警等信息记录。 **查现场：** 查看可变情报板信息发布、公司网站、服务热线及电子诱导系统等信息发布平	5	1. 未建立道路交通信息发布平台和相关制度的，不得分； 2. 未及时发布高速公路交通路况、气象预警等出行信息服务，不得分	

续上表

评价类目	评价项目		释义	评价方法	标准分值	评价标准	得分
九、作业管理(235分)	11.超限管理	①在桥梁入口处等相关设施的显著位置，应设置公路桥梁限载、限高、限宽、限长标志	《超限运输车辆行驶公路管理规定》（交通部令2000年第2号）第十九条规定：公路管理机构应在公路桥梁、隧道及渡口设置限载、限宽、限高标志。 《中华人民共和国公路管理条例实施细则》第三十九条规定：超过公路和公路桥梁、隧道、渡船限载、限高、限宽、限长标准的车辆不得任意通行；必须通行的，须经公路管理机构批准，妨碍交通的，还需经公安交通管理机关批准，并由超限运输单位承担公路管理机构为此采取技术保护措施和修复损坏部分所发生的费用。 《收费公路管理条例》第三十四条规定：在收费公路上行驶的车辆不得超载，发现车辆超载时，收费公路经营管理者应当及时报告公安机关，由公安机关依法予以处理	**询问：** 高速公路沿线桥、隧等特殊路段路况限行技术条件。 **查现场：** 现场查看设置在高速公路入口处及隧道等相关设施处的限载、限高、限宽、限长标志	5	未在高速公路入口处及隧道等相关设施的显著位置，设置高速公路限载、限高、限宽、限长标志的，每处扣2分	

续上表

评价类目	评价项目		释　义	评价方法	标准分值	评价标准	得分
九、作业管理(235分)	11.超限管理	②除经批准运载不可解体物品的超限运输车辆外,发现其他超限运输车辆或车辆运载危险化学物品违反有关规定的,应及时向相关管理部门报告	《公路安全保护条例》第三十三条规定:超过公路、公路桥梁、公路隧道限载、限高、限宽、限长标准的车辆,不得在公路、公路桥梁或者公路隧道行驶。 《公路安全保护条例》第四十二条规定:载运易燃、易爆、剧毒、放射性等危险物品的车辆,应当符合国家有关安全管理规定,并避免通过特大型公路桥梁或者特长公路隧道;确需通过特大型公路桥梁或者特长公路隧道的,负责审批易燃、易爆、剧毒、放射性等危险物品运输许可的机关应当提前将行驶时间、路线通知特大型公路桥梁或者特长公路隧道的管理单位,并对在特大型公路桥梁或者特长公路隧道行驶的车辆进行现场监管	**查资料:** 1.超限车辆通行管理相关规定; 2.危险货物运输车辆通行管理相关规定; 3.超限及危货运输车辆放行安全管理台账。 **查现场:** 超限及危货车辆放行监控记录	5	1.未建立违反超限运输车辆拒绝通行制度,扣3分;未执行的,扣2分; 2.未建立违反规定运载危险化学物品车辆拒绝通行制度,扣3分;未执行的,扣2分	

续上表

评价类目	评价项目		释义	评价方法	标准分值	评价标准	得分
九、作业管理(235分)	11.超限管理		《超限运输车辆行驶公路管理规定》第五条规定:在公路上行驶的车辆的轴载质量应当符合《公路工程技术标准》的要求。但对有限定荷载要求的公路和桥梁,超限运输车辆不得行驶				
	12.清障施救	企业可自行配置符合 GB 7258—2017 等技术规范的清障救援牵引车辆,或者委托符合条件的清障救援牵引服务企业,提供高速公路清障救援牵引服务	依据《公路安全保护条例》第五十三条规定:发生公路突发事件影响通行的,公路管理机构、公路经营企业应当及时修复公路、恢复通行。 承担清障救援的专用车辆应符合《机动车运行安全技术条件》(GB 7258—2017),清障救援应制订相关管理制度及应急处置预案,确保及时处置高速公路突发事件,并保障清障施救作业安全	**查资料:** 1.清障救援服务企业资质及安全生产协议; 2.清障施救管理制度及应急处置预案; 3.清障救援专用车辆台账; 4.清障救援作业台账	5	1.未配置清障施救牵引车辆或者未委托符合条件的清障施救牵引服务企业,扣3分; 2.未及时提供高速公路清障施救牵引服务的,每次扣1分	

续上表

评价类目	评价项目		释义	评价方法	标准分值	评价标准	得分
十、风险管理(60分)	1.一般要求	企业应依法依规建立健全安全生产风险管理制度,开展本单位管理范围内的风险辨识、评估、管控等工作,落实重大风险登记、重大危险源报备责任,防范和减少安全生产事故	依据《公路水路行业安全生产风险管理暂行办法》(交安监发〔2017〕60号)第三条明确要求:从事公路水路行业生产经营活动的企事业单位(以下简称生产经营单位)是安全生产风险管理的实施主体,应依法依规建立健全安全生产风险管理工作制度,开展本单位管理范围内的风险辨识、评估等工作,落实重大风险登记、重大危险源报备和控制责任,防范和减少安全生产事故	**查资料:** 1.企业安全生产风险管理工作制度(应含重大风险管理内容)和重大危险源管理制度(含辨识、报备和管控等内容); 2.企业安全生产风险辨识、评估方法(或规则); 3.本单位管理范围内的风险辨识、评估等工作的记录; 4.重大风险登记、报备,重大危险源辨识、建档、报备和控制等工作记录	5 AR	1.未制定发布企业安全生产风险管理工作制度,内容不符合要求的,不得分; 2.未制定发布企业安全生产风险辨识、评估指南(或规则)扣2分; 3.无风险辨识、评估等工作的记录,扣2分;不全面或缺失,扣1分; 4.重大风险未登记或报备,扣1分; 5.未开展重大危险源辨识、建档、报备和控制等工作,缺一项扣1分	

续上表

评价类目	评价项目		释义	评价方法	标准分值	评价标准	得分
十、风险管理（60分）	2.风险辨识	①企业应制定风险辨识规则，明确风险辨识的范围、方式和程序	依据《公路水路行业安全生产风险管理暂行办法》（交安监发〔2017〕60号）第十一条明确要求：生产经营单位应针对本单位生产经营活动范围及其生产经营环节，按照相关法规标准要求，编制风险辨识规则，明确风险辨识范围、方式和程序。 风险识别是指在风险事故发生之前，人们运用各种方法系统的、连续的认识所面临的各种风险以及分析风险事故发生的潜在原因。风险识别过程包含感知风险和分析风险两个环节。为更好地开展风险辨识工作，企业应制定风险辨识规则，明确辨识的范围、方式和程序等内容，指导有作业开展风险辨识工作。风险辨识的范围应包含企业所有作业人员、作业过程和场所，辨识方式适合企业各岗位需求，辨识程序全面、合规	**查资料：** 风险辨识规则文件	5	1.未编制风险辨识规则，不得分； 2.风险辨识规则中风险辨识范围、方式和程序等内容有缺失，每缺一项扣1分	

续上表

评价类目	评价项目		释　义	评价方法	标准分值	评价标准	得分
十、风险管理(60分)	2.风险辨识	②风险辨识应系统、全面,并进行动态更新	企业风险是一个复杂的系统,其中包括不同类型、不同性质、不同损失程度的各种风险,故对风险进行识别,应该全面系统地考察、了解各种风险事件存在和可能发生的概率以及损失的严重程度,风险因素及因风险的出现而导致的其他问题。因此,必须系统、全面了解各种风险的存在和发生及其将引起的损失后果的详细情况,以便及时而清楚地为决策者提供比较完备的决策信息。同时,风险随生产工艺、装备和过程变化、环境变化、人的因素和管理的变化,风险致险因素、危害程度等也发相变化,相应的控制方法和措施也应随之改变,因此应进行动态更新	**查资料:** 风险辨识清单。 **现场检查:** 重点作业场所、关键岗位、设备	5	1.风险清单辨识不全面,每缺一项扣1分; 2.风险清单未及时更新,扣2分	

续上表

评价类目	评价项目		释义	评价方法	标准分值	评价标准	得分
十、风险管理(60分)	2.风险辨识	③风险辨识应涉及所有的工作人员(包括外部人员)、工作过程和工作场所。安全生产风险辨识结束后应形成风险清单	风险辨识是运用各种方法对尚未发生的潜在风险以及客观存在的各种风险进行系统归类和全面识别。风险辨识不是一次能够完成的,它应该在整个安全生产过程中定期而有计划地进行,具有广泛性、全生命周期和信息依赖性,因为安全生产参与成员的工作性质不同,所面临的风险也会有所不同,他们都有自己独特的生产经历和风险管理经验,可以为识别生产的风险提供更多的途径。同时,由于生产由不同分工协助组合完成,风险辨识将涉及财务、工艺、设备、技术、管理等多个的不同知识领域;另外,风险存在于产品生产生命期的各个阶段中,不同阶段会出现影响程度不同的风险,随着生产过程、条件(含场所)、环境、范围等的不断变化,新的风险又会产生,从而又需要开展新一轮的风险辨识。总之,风险辨别必然贯穿于生产的全过程和所有场所。风险辨识成果之一,就是形成风险清单	**查资料:** 查风险辨识清单	3	风险清单未涉及所有的工作人员(包括外部人员)、工作过程和工作场所,每缺一项扣1分	

续上表

评价类目	评价项目		释义	评价方法	标准分值	评价标准	得分
十、风险管理(60分)	3.风险评估	①企业应从发生危险的可能性和严重程度等方面对风险因素进行分析,选定合适的风险评估方法,明确风险评估规则	风险评估是指风险辨识、风险分析和风险评价的全过程。通过选择合适的评估方法对存在的安全生产风险和有害因素进行评估,确定风险程度和等级,并根据评估结果采取针对性的控制措施,确保风险控制在可接受的范围之内。 企业应编制风险评价规则,规则应根据不同岗位、过程和场所辨识风险,从发生危险的可能性和严重程度等方面对风险因素进行分析,推荐选择采用合适的风险评估方法	**查资料:** 风险评估规则	2	1. 企业无风险评估规则,不得分; 2. 规则未包含风险评价方法选择、评价人员资历、评价程序、评价记录、评价报告编制和归档等要求,缺一项扣1分	

续上表

评价类目	评价项目		释义	评价方法	标准分值	评价标准	得分
十、风险管理(60分)	3. 风险评估	②企业应依据风险评估规则,对风险清单进行逐项评估,确定风险等级	企业应依据风险评估规则,对风险清单,选择合适评价方法进行逐项评估,确定风险等级	**查资料:** 1. 风险分析记录、风险评价报告; 2. 风险清单; 3. 重大风险清单	5	1. 无风险分析记录、风险评价报告,不得分;每缺一项,扣0.5分; 2. 风险清单无风险等级,不得分;未全部评出风险等级,扣1分; 3. 风险等级判定不准确,每条扣1分; 4. 企业未列出重大风险清单,不得分	
	4. 风险控制	①企业应根据风险评估结果及经营运行情况等,按以下顺序确定控制措施: a. 消除; b. 替代; c. 工程控制措施; d. 设置标志警告和(或)管理控制措施; e. 个体防护装备等	企业应根据风险评价的结果及经营运行情况等,确定不可接受的风险,制定并落实控制措施,将风险尤其是重大风险控制在可以接受的程度;风险控制措施符合相关标准要求。企业在选择风险控制措施时: 1. 应考虑:可行性;安全性;可靠性。 2. 应包括:工程技术措施;管理措施;培训教育措施;个体防护措施	**查资料:** 1. 风险控制措施相关文件记录; 2. 风险控制措施是否符合规定的控制顺序要求。	5	1. 文件未明确企业应根据风险评估结果及经营运行情况等,按上述顺序确定控制措施,不得分; 2. 风险控制措施不符合相关标准要求,扣1分; 3. 重点场所、岗位、设备设施的风险控制措施不明确、不合理、不符合要求,每处扣1分	

续上表

评价类目	评价项目		释　义	评价方法	标准分值	评价标准	得分
十、风险管理（60分）	4.风险控制		应按照以下顺序确定控制措施： a.消除； b.替代； c.工程控制措施； d.设置标志警告和（或）管理控制措施； e.个体防护装备等	**现场检查结合询问：** 重点场所、关键岗位和设备设施的风险控制措施			
		②企业应将安全风险评估结果及所采取的控制措施告知相关从业人员，使其熟悉工作岗位和作业环境中存在的安全风险，掌握、落实应采取的控制措施	《中华人民共和国安全生产法》第四十一条规定：生产经营单位应当教育和督促从业人员严格执行本单位的安全生产规章制度和安全操作规程；并向从业人员如实告知作业场所和工作岗位存在的危险因素、防范措施以及事故应急措施。故企业应将安全风险评估结果及所采取的控制措施告知相关从业人员，使其熟悉工作岗位和作业环境中存在的安全风险，掌握、落实应采取的控制措施	**查资料：** 企业将安全风险评估结果及所采取的控制措施告知相关从业人员的告知文件、记录等活动档案，或告知交底档案文件资料，或岗前教育等相关活动记录。 **询问：** 询问3名业人员是否熟悉本岗位安全风险评估结果及所采取的控制措施	5	1.企业无安全风险评估结果及所采取的控制措施告知相关从业人员的告知的文件、记录等活动档案，或告知交底档案文件资料，或岗前教育等相关活动记录，扣2分； 2.有关人员不熟悉工作岗位和作业环境中存在的安全风险，每人扣1分； 3.不掌握或未落实应采取的控制措施，每处扣1分	

续上表

评价类目	评价项目		释义	评价方法	标准分值	评价标准	得分
十、风险管理(60分)	4. 风险控制	③企业应建立风险动态监控机制,按要求对风险进行控制和监测,及时掌握风险的状态和变化趋势,以确保风险得到有效控制	《公路水路行业安全生产风险管理暂行办法》(交安监发〔2017〕60号)第十八条规定:生产经营单位应建立风险动态监控机制,按要求进行监测、评估、预警,及时掌握风险的状态和变化趋势。 风险动态监控对风险的发展与变化情况进行全程监督,并根据需要进行应对策略的调整。因为风险是随着内部外部环境的变化而变化的,它们在决策主体经营活动的推进过程中可能会增大或者衰退乃至消失,也可能由于环境的变化又生成新的风险。风险动态监控就是通过对风险规划、识别、估计、评价、应对全过程的监视和控制,从而保证风险管理能达到预期的目标,它是项目实施过程中的一项重要工作	**查资料:** 1. 风险动态监控管理制度; 2. 风险动态监控记录	3	1. 企业未制定风险动态监控制度,不得分; 2. 制度未明确监控项目、参数、责任人员、频次和方法等要求;每缺一项,扣1分; 3. 无风险动态监控记录,不得分;缺少一项监控记录扣1分; 4. 企业风险控制未有效控制的,每项扣1分	

续上表

评价类目	评价项目		释义	评价方法	标准分值	评价标准	得分
十、风险管理(60分)	5.重大风险管控	①企业对重大风险进行登记建档,设置重大风险监控系统,制定动态监测计划,并单独编制专项应急措施	《公路水路行业安全生产风险管理暂行办法》(交安监发〔2017〕60号)第二十四条规定:生产经营单位应如实记录风险辨识、评估、监测、管控等工作,并规范管理档案。重大风险应单独建立清单和专项档案。第二十六条规定: (一)对重大风险制定动态监测计划,定期更新监测数据或状态,每月不少于1次,并单独建档; (二)重大风险应单独编制专项应急措施。 企业对确定认的重大风险都应按照规定登记建档。重大风险档案主要内容包括基本信息、管控信息、预警信息和事故信息等	**查资料:** 1.企业重大风险登记档案; 2.重大风险监控系统及动态监测计划; 3.重大风险的专项应急措施	5 ★★	1.企业应建立重大风险登记档案,重大风险档案内容应全面、完整; 2.重大风险监控系统填报应及时或正确; 3.应制定动态监测计划,计划应全面; 4.制定针对重大风险的专项应急措施; 5.重大风险的专项应急措施应正确或全面	

续上表

评价类目	评价项目		释　　义	评价方法	标准分值	评价标准	得分
十、风险管理(60分)	5.重大风险管控	②企业应当在重大风险所在场所设置明显的安全警示标志,对进入重大风险影响区域的人员组织开展安全防范、应急逃生避险和应急处置等相关培训和演练	《公路水路行业安全生产风险管理暂行办法》(交安监发〔2017〕60号)第二十八条规定:生产经营单位应当在重大风险所在场所设置明显的安全警示标志,标明重大风险危险特性、可能发生的事件后果、安全防范和应急措施。 第二十七条规定:生产经营单位应对进入重大风险影响区域的本单位从业人员组织开展安全防范、应急逃生避险和应急处置等相关培训和演练	**现场检查:** 重大风险所在场所。 **查资料:** 培训和演练的计划和记录	5	1. 现场未设置明显的安全警示标志,不得分;不全,每处扣2分; 2. 未标明重大风险危险特性、可能发生的事件后果、安全防范和应急措施,缺一项扣1分; 3. 无培训计划或演练计划,扣1分; 4. 无培训记录或培训记录不全,扣2分; 5. 无演练记录或记录不全,扣1分;无演练总结,扣1分	
		③企业应当将本单位重大风险有关信息通过公路水路行业安全生产风险管理信息系统进行登记,构成重大危险源的应向属地负有安全生产监督管理职责的交通运输管理部门备案	《公路水路行业安全生产风险管理暂行办法》(交安监发〔2017〕60号)第三十条规定:生产经营单位应当将本单位重大风险有关信息通过公路水路行业安全生产风险管理信息系统进行登记,构成重大危险源的应向属地综合安全生产监督管理部门备案。登记(含重大危险源报备,下同)信息应当及时、准确、真实	**查系统:** 1. 本单位重大风险通过公路水路行业安全生产风险管理信息系统进行登记的记录; 2. 重大危险源通过系统向属地综合安全生产监督管理部门备案的记录。 **查资料:** 重大危险源备案资料	2 ★★	1. 应将本单位重大风险有关信息通过公路水路行业安全生产风险管理信息系统进行登记; 2. 重大危险源的应通过系统向属地综合安全生产监督管理部门备案,或报送资质资料; 3. 登记(含重大危险源报备,下同)信息应及时、准确、真实	

续上表

评价类目	评价项目		释　义	评价方法	标准分值	评价标准	得分
十、风险管理（60分）	5. 重大风险管控	④重大风险经评估确定等级降低或解除的，企业应于规定的时间内通过公路水路行业安全生产风险管理系统予以销号	《公路水路行业安全生产风险管理暂行办法》（交安监发〔2017〕60号）第三十六条规定：重大风险经评估确定等级降低或解除的，生产经营单位应于5个工作日内通过公路水路行业安全生产风险管理系统予以销号	**查资料：** 1. 重大风险评估报告； 2. 通过公路水路行业安全生产风险管理信息系统进行登记的记录	2	1. 重大风险确定等级降低或解除的，生产经营单位未通过公路水路行业安全生产风险管理系统予以销号，不得分； 2. 未在5个工作日内通过公路水路行业安全生产风险管理系统予以销号，扣1分	
	6. 预测预警	①企业应根据生产经营状况、安全风险管理及隐患排查治理、事故等情况，运用定量或定性的安全生产预测预警技术，建立企业安全生产状况及发展趋势的安全生产预测预警机制	预测预警是通过安全风险管理及隐患排查治理，查找导致危险前兆的根源，控制危险事态的进一步发展或将危险事件扼杀于萌芽状态，以减少危机的发生或降低危机危害程度的过程。预测预警的目的是当风险因素达到预警条件的，企业应及时发出预警信息，并立即采取针对性措施，防范安全生产事故发生；减少危机的发生或降低危机的破坏程度，实现企业的持续经营	**查资料：** 1. 包含预测预警内容的制度文件； 2. 定量或定性的安全生产预测预警技术的文件	5	1. 相关制度文件未包含预测预警要求内容，不得分； 2. 制度未规定了运用定量或定性的安全生产预测预警技术，扣2分；定量或定性的安全生产预测预警技术不合适的，扣1分； 3. 未开展预测预警活动，扣3分； 4. 采用的预测预警技术不适合企业重大危险源或重大风险预测预警实际情况，扣1分； 5. 安全生产预测预警机制未定期评审，扣1分；未根据评审结果予以改进，扣1分	

续上表

评价类目	评价项目		释义	评价方法	标准分值	评价标准	得分
十、风险管理(60分)	6. 预测预警	②当风险因素达到预警条件的,企业应及时发出预警信息,并立即采取针对性措施,防范安全生产事故发生	当风险因素达到预警条件时,企业应及时发出预警信息,并根据重大风险应急预案立即启动一级预案,按照应急预案要求采取针对性控制措施,防范安全生产事故发生	**查资料:** 1. 发出预警信息的风险因素达到预警条件的规定文件; 2. 启动应急预案的相关记录; 3. 针对性措施的相关记录和台账	3	1. 未制定发出预警信息的风险因素达到预警的条件,每项扣1分; 2. 达到预警条件,未发出预警,扣1分; 3. 无启动应急预案的相关记录,扣1分; 4. 无采用相关针对性措施的相关记录和台账,扣1分	
十一、隐患排查和治理(50分)	1. 隐患排查	①企业应落实隐患排查治理和防控责任制,组织事故隐患排查治理工作,实行从隐患排查、记录、监控、治理、销账到报告的闭环管理	《中华人民共和国安全生产法》第三十八条规定:产经营单位应当建立健全生产安全事故隐患排查治理制度,采取技术、管理措施,及时发现并消除事故隐患。 《公路水路行业安全生产隐患治理管理暂行办法》(交安监发〔2017〕60号)第九条规定:生产经营单位应当建立健全隐患排查、告知(预警)、整改、评估验收、报备、奖惩考核、建档等制度,逐级明确隐患治理责任,落实到具体岗位和人员。 企业应依据有关法律法规、标准规范等,制定隐患排查治理和防控制度,实行从隐患排查、记录、监控、治理、销账到报告的闭环管理	**查资料:** 1. 隐患排查治理和防控制度; 2. 隐患排查相关记录和报告	5 ★★	1. 企业应制定隐患排查治理和防控制度; 2. 企业应明确隐患排查治理的责任部门和人员; 3. 制度应明确安全隐患排查、记录、监控、治理、销账和报告等闭环要求	

续上表

评价类目	评价项目		释义	评价方法	标准分值	评价标准	得分
十一、隐患排查和治理(50分)	1.隐患排查	②企业应依据有关法律法规、标准规范等,组织制定各部门、岗位、场所、设备设施的隐患排查治理标准或排查清单,明确隐患排查的时限、范围、内容和要求,并组织开展相应的培训。隐患排查的范围应包括所有与生产经营相关的场所、人员、设备设施和活动,包括承包商和供应商等相关服务范围	依据《安全生产事故隐患排查治理暂行规定》(国家安全生产监督管理总局令第16号)、《公路水路行业安全生产隐患治理管理暂行办法》(交安监发〔2017〕60号)要求,组织制定各部门、岗位、场所、设备设施的隐患排查治理标准或排查清单,明确隐患排查的时限、范围、内容和要求,并组织开展相应的培训。隐患排查的范围应包括所有与生产经营相关的场所、人员、设备设施和活动,包括承包商和供应商等相关服务范围	**查资料:** 1.隐患排查治理标准或排查清单; 2.隐患排查方案和记录; 3.培训的计划和记录	5 AR	1.未组织制定各部门、岗位、场所、设备设施的隐患排查治理标准或排查清单,扣2分,缺1项,扣0.5分; 2.未制定年度隐患排查方案,扣1分,隐患排查的时限、范围、内容和要求缺1项,扣0.5分; 3.隐患排查的范围未包括所有与生产经营相关的场所、环境、人员、设备设施和活动,每缺一项扣1分; 4.无开展相应的培训的计划和记录,扣1分	

续上表

评价类目	评价项目		释义	评价方法	标准分值	评价标准	得分
十一、隐患排查和治理(50分)	1.隐患排查	③生产经营单位应当建立事故隐患日常排查、定期排查和专项排查工作机制。日常排查每周应不少于1次,定期排查每半年应不少于1次,并根据政府及有关管理部门安全工作的专项部署、季节性变化或安全生产条件变化情况进行专项排查	《公路水路行业安全生产隐患治理管理暂行办法》(交安监发〔2017〕60号)第十一条规定:生产经营单位应当建立隐患日常排查、定期排查和专项排查工作机制,明确隐患排查的责任部门和人员、排查范围、程序、频次、统计分析、效果评价和评估改进等要求,及时发现并消除隐患。 第十二条规定:日常排查每周应不少于1次。 第十三条规定:隐患专项排查是生产经营单位在一定范围、领域组织开展的针对特定隐患的排查,一般包括: (一)根据政府及有关管理部门安全工作专项部署,开展针对性的隐患排查; (二)根据季节性、规律性安全生产条件变化,开展针对性的隐患排查	**查资料:** 隐患排查记录	5	1.未开展事故隐患日常排查、定期排查和专项排查工作,不得分;缺一项,扣2分; 2.日常排查每周少于1次,扣1分; 3.定期排查每半年少于1次,扣1分; 4.无根据政府及有关管理部门安全工作的专项部署、季节性变化或安全生产条件变化情况进行专项排查的记录,扣2分	

续上表

评价类目	评价项目		释　义	评价方法	标准分值	评价标准	得分
十一、隐患排查和治理(50分)	1.隐患排查		(三)根据新工艺、新材料、新技术、新设备投入使用对安全生产条件形成的变化,开展针对性的隐患排查; (四)根据安全生产事故情况,开展针对性的隐患排查。 第十四条规定:定期排查每半年应不少于1次				
		④企业应填写事故隐患排查记录,依据确定的隐患等级划分标准对发现或排查出的事故隐患进行判定,确定事故隐患等级并进行登记,形成事故隐患清单。企业应将重大事故隐患向属地负有安全生产监督管理职责的交通运输管理部门备案	企业应根据《公路水路行业安全生产隐患治理管理暂行办法》(交安监发〔2017〕60号)中重大隐患的判定原则,制定企业重大隐患判定标准,依据确定的隐患等级划分标准对发现或排查出的事故隐患进行判定,确定事故隐患等级并进行登记,形成事故隐患清单。 企业应通过系统将重大事故隐患向属地负有安全生产监督管理职责的交通运输管理部门备案	**查资料:** 1.企业重大隐患判定标准文件; 2.隐患排查记录; 3.事故隐患清单; 4.企业通过系统将重大事故隐患向属地负有安全生产监督管理职责的交通运输管理部门备案记录	5 ★★	1.企业未制定本企业重大隐患判定标准,扣2分; 2.未依据确定的隐患等级划分标准对发现或排查出的事故隐患进行判定,扣1分; 3.未确定事故隐患等级并进行登记,形成事故隐患清单,扣2分; 4.无重大事故隐患向属地负有安全生产监督管理职责的交通运输管理部门备案记录,扣2分	

续上表

评价类目	评价项目		释义	评价方法	标准分值	评价标准	得分
十一、隐患排查和治理(50分)	2.隐患治理	①对于一般事故隐患,企业应按照职责分工立即组织整改,确保及时进行治理	《中华人民共和国安全生产法》第十八条规定:“督促、检查本单位的安全生产工作,及时消除生产安全事故隐患。” 《公路水路行业安全生产隐患治理管理暂行办法》(交安监发〔2017〕60号)第十九条规定:生产经营单位应对排查出的隐患立即组织整改,隐患整改情况应当依法如实记录,并向从业人员通报。对于一般事故隐患,企业应按照职责分工立即组织整改,做到定治理措施、定负责人、定资金来源、定治理期限、定预案,确保及时进行治理	**查资料:** 隐患排查治理记录	5	1.企业未保留相关文件资料及活动记录,扣2分; 2.未及时组织隐患治理或整改不到位,扣1分; 3.未做到定治理措施、定负责人、定资金来源、定治理期限、定预案,缺一项扣0.5分; 4.未落实一般安全隐患防范和整改措施,扣1分	

续上表

评价类目	评价项目		释　义	评价方法	标准分值	评价标准	得分
十一、隐患排查和治理(50分)	2. 隐患治理	②对于重大事故隐患,企业主要负责人组织制定专项隐患治理整改方案,并确保整改措施、责任、资金、时限和预案“五到位”。整改方案应包括: a. 整改的目标和任务; b. 整改方案和整改期的安全保障措施; c. 经费和物资保障措施; d. 整改责任部门和人员; e. 整改时限及节点要求; f. 应急处置措施; g. 跟踪督办及验收部门和人员	《公路水路行业安全生产隐患治理管理暂行办法》(交安监发〔2017〕60 号)第二十二条规定:重大隐患整改应制定专项方案,包括以下内容: (一)整改的目标和任务; (二)整改技术方案和整改期的安全保障措施; (三)经费和物资保障措施; (四)整改责任部门和人员; (五)整改时限及节点要求; (六)应急处置措施; (七)跟踪督办及验收部门和人员。 《安全生产事故隐患排查治理暂行规定》(国家安全生产监督管理总局令第 16 号)规定:企业应当按照国家有关规定将本单位重大危险源及有关安全措施、应急措施,报负有安全生产监督管理的部门和有关部门备案,做到整改措施、责任、资金、时限和预案“五到位”	**查资料:** 1. 重大隐患清单; 2. 专项隐患治理整改方案和记录	5 AR	1. 未组织制定专项隐患治理整改方案,缺一项扣 1 分; 2. 整改专项方案不符合要求,每处扣 1 分; 3. 无“五到位”的记录和证据,扣 1 分	

续上表

评价类目	评价项目		释义	评价方法	标准分值	评价标准	得分
十一、隐患排查和治理(50分)	2.隐患治理	③企业在事故隐患整改过程中,应采取相应的监控防范措施,防止发生次生事故	《公路水路行业安全生产隐患治理管理暂行办法》(交安监发〔2017〕60号)第二十一条规定:生产经营单位在隐患整改过程中,应当采取相应的安全防范措施,防范发生安全生产事故	**查资料:** 1.企业在事故隐患整改过程中,采取相应的监控防范措施的记录和证据; 2.事故报告	5	1.企业在事故隐患整改过程中,无采取相应的监控防范措施的记录和证据,扣2分; 2.有发生次生事故的,扣3分	
		④事故隐患整改完成后,企业应按规定进行验证或组织验收,出具整改验收结论,并签字确认。重大事故隐患整改验收通过的,企业应将验收结论向属地负有安全生产监督管理职责的交通运输管理部门报备,并申请销号	《公路水路行业安全生产隐患治理管理暂行办法》(交安监发〔2017〕60号)第二十条规定:一般隐患整改完成后,应由生产经营单位组织验收,出具整改验收结论,并由验收主要负责人签字确认。 第二十四条规定:重大隐患整改验收通过的,生产经营单位应将验收结论向属地负有安全生产监督管理职责的交通运输管理部门报备,并申请销号	**查资料:** 隐患整改验收记录。 **查系统:** 1.重大事故隐患报备资料; 2.销号申请记录和申报材料	5 ★★	1.一般隐患整改完成后,生产经营单位应组织验收; 2.应有整改验收结论记录; 3.验收主要负责人应签字确认; 4.重大事故隐患整改验收通过的,企业应将验收结论向属地负有安全生产监督管理职责的交通运输管理部门报备资料; 5.应有销号申请记录; 6.报备申请材料应包括:重大隐患基本情况及整改方案;重大隐患整改过程;验收机构或验收组基本情况;验收报告及结论	

续上表

评价类目	评价项目		释义	评价方法	标准分值	评价标准	得分
十一、隐患排查和治理(50分)	2.隐患治理	⑤企业应对重大事故隐患形成原因及整改工作进行分析评估,及时完善相关制度和措施,依据有关规定和制度对相关责任人进行处理,并开展有针对性的培训教育	《公路水路行业安全生产隐患治理管理暂行办法》(交安监发〔2017〕60号)第二十五条规定:重大隐患整改验收完成后,生产经营单位应对隐患形成原因及整改工作进行分析评估,及时完善相关制度和措施,依据有关规定和制度对相关责任人进行处理,并开展有针对性的培训教育	**查资料:** 1.重大隐患分析评估记录和文件资料; 2.对相关制度和措施修改完善记录; 3.相关责任人进行处理文件记录; 4.开展针对性的培训教育的记录	5	1.生产经营单位无对隐患形成原因及整改工作进行分析评估记录和文件资料,扣2分; 2.未根据分析评估结果,对相关制度和措施修改完善,扣1分; 3.无依据规定和制度对相关责任人进行处理文件记录,扣2分; 4.无开展针对性的培训教育的记录,扣1分	
		⑥企业应对事故隐患排查治理情况如实记录,建立相关台账,并定期组织对本单位事故隐患治理情况进行统计分析,及时梳理、发现安全生产问题和趋势,形成统计分析报告,改进安全生产工作	《公路水路行业安全生产隐患治理管理暂行办法》(交安监发〔2017〕60号)第十七条规定:生产经营单位应认真填写隐患排查记录,形成隐患排查工作台账,包括排查对象或范围、时间、人员、安全技术状况、处理意见等内容,经隐患排查直接责任人签字后妥善保存。 第二十六条规定:生产经营单位应当根据生产经营活动特点,定期组织对本单位隐患治理情况进行统计分析,及时梳理、发现安全生产苗头性问题和规律,形成统计分析报告,改进安全生产工作	**查资料:** 1.隐患排查工作台账; 2.隐患治理情况进行统计分析记录	5	1.生产经营单位填写隐患排查记录不准确、不全面,扣1分; 2.隐患排查工作台账不完整、不规范;缺治理方案、控制措施、评估报告书、验收报告等过程记录,每项扣1分,未及时归档保存,扣1分; 3.未进行统计分析的,扣1分; 4.未根据分析报告,改进安全生产工作,扣2分。有改进,无记录的,扣1分	

续上表

评价类目	评价项目		释义	评价方法	标准分值	评价标准	得分
十二、职业健康(20分)	1. 健康管理	①企业应落实职业病防治主体责任,按规定设置职业健康管理机构和配备专(兼)职管理人员;落实职业病危害告知、日常监测、定期报告和防护保障等制度措施。 企业应按规定委托具有相应资质的职业健康技术服务机构每年至少进行一次职业病危害因素检测,检测结果存入职业健康档案,并向劳动者公布	《中华人民共和国职业病防治法》规定:用人单位应当采取下列职业病防治管理措施: (一)设置或者指定职业健康管理机构或者组织,配备专职或者兼职的职业健康管理人员,负责本单位的职业病防治工作; (二)制定职业病防治计划和实施方案; (三)建立、健全职业健康管理制度和操作规程; (四)建立、健全职业健康档案和劳动者健康监护档案; (五)建立、健全工作场所职业病危害因素监测及评价制度; (六)建立、健全职业病危害事故应急救援预案。 《中华人民共和国职业病防治法》第三十三条规定:用人单位与劳动者订立劳动合同(含聘用合同,下同)时,应当将工作过程中可能产生的职业病危害及其后果、职业病防护措施和待遇等如实告知劳动者,并在劳动合同中写明,不得隐瞒或者欺骗	**查资料:** 1. 企业设置或任命职业健康管理机构或人员文件; 2. 企业职业危害管理制度; 3. 企业建立的职业健康档案; 4. 企业定期职业危害因素监测记录; 5. 劳动合同。 **现场检查:** 职业危害场所及岗位	5	1. 未设置职业健康管理机构或未指定专兼职人员的,不得分; 2. 人员不能胜任的,不得分; 3. 未建立职业危害管理制度的,不得分; 4. 未按照职业危害管理制度开展日常职业危害检测和管理活动的,每项扣1分; 5. 未向劳动者告知工作过程中可能产生的职业病危害及其后果的,每少1人扣0.5分	

续上表

评价类目	评价项目		释　义	评价方法	标准分值	评价标准	得分
十二、职业健康(20分)	1.健康管理		劳动者在已订立劳动合同期间因工作岗位或者工作内容变更，从事与所订立劳动合同中未告知的存在职业病危害的作业时，用人单位应当依照前款规定，向劳动者履行如实告知的义务，并协商变更原劳动合同相关条款				
		②提供符合职业健康要求的工作环境和条件;应按规定组织有关从业人员进行职业健康检查，并建立有关从业人员职业健康档案	《中华人民共和国职业病防治法》第四条规定：劳动者依法享有职业健康保护的权利。用人单位应当为劳动者创造符合国家职业健康标准和卫生要求的工作环境和条件，并采取措施保障劳动者获得职业健康保护。工会组织依法对职业病防治工作进行监督，维护劳动者的合法权益。用人单位制定或者修改有关职业病防治的规章制度，应当听取工会组织的意见	**查资料：** 1. 职业健康检查记录； 2. 存在职业危害的作业场所的从业人员健康监护档案。 **现场检查：** 存在职业危害的作业场所预防措施落实情况	5	1. 存在职业危害的作业场所防护设施和环境不符合法规及标准规范要求的，一项扣2分； 2. 未对职业危害岗位人员进行上岗前、在岗期间和离岗时的职业健康检查的，每缺少1人扣1分； 3. 未建立从业人员健康监护档案的，每缺一人扣1分	

续上表

评价类目	评价项目		释义	评价方法	标准分值	评价标准	得分
十二、职业健康(20分)	1.健康管理		第三十五条规定:对从事接触职业病危害的作业的劳动者,用人单位应当按照国务院安全生产监督管理部门、卫生行政部门的规定组织上岗前、在岗期间和离岗时的职业健康检查,并将检查结果书面告知劳动者。职业健康检查费用由用人单位承担。 第三十六条规定:用人单位应当为劳动者建立职业健康监护档案,并按照规定的期限妥善保存				
		③企业应按规定对存在或者可能产生职业病危害的工作场所、作业岗位、设备、设施设置警示标识和中文警示说明	《中华人民共和国职业病防治法》第二十四条规定:产生职业病危害的用人单位,应当在醒目位置设置公告栏,公布有关职业病防治的规章制度、操作规程、职业病危害事故应急救援措施和工作场所职业病危害因素检测结果	**现场检查:** 1.职业危害场所现场告知及公示; 2.对存在严重职业危害的作业岗位,按照《工作场所职业病危害警示标识》(GBZ 158—2003)的要求,在醒目位置设置警示标志和警示说明	5 AR	1.对存在严重职业危害的作业岗位未设置标志和说明的,不得分;缺少标志和说明的,每处扣0.5分;标志和说明内容(含职业危害的种类、后果、预防以及应急救治措施等)不全的,每处扣0.5分	

续上表

评价类目	评价项目		释义	评价方法	标准分值	评价标准	得分
十二、职业健康(20分)	1.健康管理		对产生严重职业病危害的作业岗位,应当在其醒目位置,设置警示标识和中文警示说明。警示说明应当载明产生职业病危害的种类、后果、预防以及应急救治措施等内容			2.产生职业病危害的用人单位,未在醒目位置设置公告栏,公布有关职业病防治的规章制度、操作规程、职业病危害事故应急救援措施和工作场所职业病危害因素检测结果的,每处扣0.5分	
	2.职业危害申报	企业应按规定及时、如实向当地主管部门申报运营过程中存在的职业病危害因素,并接受其监督	《中华人民共和国职业病防治法》第十六规定:国家建立职业病危害项目申报制度。 用人单位工作场所存在职业病目录所列职业病的危害因素的,应当及时、如实向所在地安全生产监督管理部门申报危害项目,接受监督	**查资料:** 1.企业在作业场所职业病危害申报与备案管理系统中申报记录; 2.企业向所在地安全生产监督管理部门申报备案记录	5	1.存在职业病危害因素的用人单位未进行作业场所职业病危害申报与备案的,不得分; 2.企业针对主管部门提出的整改措施未进行及时整改的,每项扣2分	

续上表

评价类目	评价项目		释义	评价方法	标准分值	评价标准	得分
十三、安全文化(30分)	1.安全环境	①设立安全文化廊、安全角、黑板报、宣传栏等员工安全文化阵地	所称"安全文化"是指被企业组织的员工群体所共享的安全价值观、态度、道德和行为规范组成的统一体。加强安全教育基地建设,充分利用电视、互联网、报纸、广播等多种形式和手段普及安全常识,增强全社会科学发展、安全发展的思想意识是每一个企业责任和义务。企业按照《企业安全文化建设导则》(AQ/T 9004—2008)要求,从思想上、心态上去宣传、教育、引导,不断向员工灌输"以人为本,安全第一""安全就是效益、安全创造效益""行为源于认识,预防胜于处罚,责任重于泰山""安全不是为了别人,而是为了你自己"安全价值观,形成人人重视安全,人人为安全尽责的良好氛围。应从制度上明确企业安全文化宣传的频率,内容和方式,从而促使企业自觉主动开展安全文化创建活动	**查资料:** 安全文化宣传资料。 **现场检查:** 查企业安全文化阵地	5	1. 未设立安全文化廊、安全角、黑板报、宣传栏等员工安全文化阵地的,不得分; 2. 安全文化阵地内容不符合法规要求的,每项扣0.5分	

续上表

评价类目	评价项目		释　义	评价方法	标准分值	评价标准	得分
十三、安全文化(30分)	1.安全环境	②公开安全生产举报电话号码、通信地址或者电子邮件信箱。对接到的安全生产举报和投诉及时予以调查和处理,并公开处理结果	加强对安全生产违法违规行为监督管理对于减少和杜绝安全生产“三违”行为有着十分重要意义。企业要充分发挥广大职工的参与作用,依法维护和落实企业职工对安全生产的参与权与监督权,鼓励职工监督举报各类安全隐患,对处理结果要及时公开,起到警示警醒的作用	**查资料:** 1.安全生产举报投诉及调查管理制度; 2.安全生产举报投诉登记台账。 **现场检查:** 1.是否公开安全生产举报、投诉电话号码、通信地址或电子邮箱等安全生产举报投诉渠道; 2.是否公布了调查处理结果	5 AR	1.没有公开安全生产举报投诉渠道,扣2分; 2.对接到的安全生产举报和投诉未及时调查和处理或处理结果未公开的,每次扣0.5分	
	2.安全行为	①企业应建立包括安全价值观、安全愿景、安全使命和安全目标等在内的安全承诺	本条所称“安全承诺”是指由企业公开做出的、代表了全体员工在关注安全和追求安全绩效方面所具有的稳定意愿及实践行动的明确表示。安全承诺就是兑现落实安全生产责任,并通过公开承诺这种形式约束和规范自身的行为,接受政府、社会和从业人员的监督	**查资料:** 1.查企业开展安全承诺活动证明资料; 2.安全生产承诺书。 **询问** 抽查3~5名员工是否了解安全承诺的内容	5 ★	1.企业未开展安全承诺活动,扣5分; 2.未签订安全承诺书,扣1分; 3.相关人员不了解安全承诺内容的,每人次扣0.5分	

续上表

评价类目	评价项目		释义	评价方法	标准分值	评价标准	得分
十三、安全文化(30分)	2.安全行为	②企业应结合企业实际编制员工安全知识手册,并发放到职工	编制员工安全知识手册是宣传安全文化的一个重要载体,也是企业规范员工安全行为的一项重要措施,企业应该按照有关规定编制安全知识手册,并发放到每位员工。目的在于让所有从业人员时刻保持安全警钟长鸣,让安全意识常增,让企业发展常安	**查资料:** 1. 企业安全知识手册; 2. 安全知识手册发放记录。 **询问:** 抽查3~5名员工对本岗位相关的安全知识手册内容是否熟悉	5	1. 没有编制手册,不得分; 2. 无发放记录,扣2分; 3. 抽查从业人员,询问人员不了解本岗位相关安全知识手册内容的,每人次扣1分	
		③企业应组织开展安全生产月活动、安全生产班组竞赛活动,有方案、有总结	每年6月我国各大部委都要组织开展安全生产月活动,安全生产月活动及有关安全生产竞赛活动已成为安全生产管理过程中的一项重要活动。通过活动营造安全生产氛围,进一步强化企业安全管理,增强从业人员的安全意识,促进企业安全生产的持续稳定。 企业应按国家、有关上级部门和行业主管部门要求,结合企业制度和实际,制定本企业的活动方案,明确指导思想、活动主题、领导组织机构、具体内容和总结上报等活动要求	**查资料:** 1. 企业开展安全生产月活动和安全生产班组竞赛活动的方案; 2. 相关活动记录资料; 3. 相关活动总结材料	5	1. 未制定安全生产月活动、安全生产班组竞赛活动方案的,每项扣1分; 2. 未按方案开展相关活动的,每项扣1分; 3. 未对相关活动进行总结,每项扣2分	

续上表

评价类目	评价项目		释义	评价方法	标准分值	评价标准	得分
十三、安全文化(30分)	2. 安全行为	④企业应对安全生产进行检查、评比、考评,总结和交流经验,推广安全生产先进管理方法,对在安全工作中做出显著成绩的集体、个人给予表彰、奖励,并与其经济利益挂钩	对安全生产进行多种形式的检查,有利于企业各部门、基层单位发现和整改安全隐患,通过评比、考评,有利于优秀集体或个人脱颖而出。通过对优秀集体或个人的好的安全管理经验进行总结,一方面使优者将其好的作法和经验进行提升、固化,一方面更有利于其他集体或个人进行学习,促进其安全绩效的不断改进和企业整体安全管理水平的不断提升。 至少每年对在安全工作中做出显著成绩的集体、个人给予一次表彰和奖励,并与其经济利益挂钩。一方面对优秀集体和个人的安全管理和安全行为的充分肯定和鼓励,有利于其继续保持良好的作风和传统;另一方面,有利于充分发挥优秀集体和个人的榜样和典范作用	**查资料:** 1. 安全生产管理制度; 2. 企业定期总结和交流经验,推广安全生产先进管理方法的证明材料; 3. 奖励表彰的证明文件	5	1. 未定期开展总结和交流经验,推广安全生产先进管理方法活动的,扣2分; 2. 未按规定对安全工作中做出显著成绩的集体、个人给予表彰、奖励的,扣3分	

续上表

评价类目	评价项目		释义	评价方法	标准分值	评价标准	得分
十四、应急管理(70分)	1.预案制定	①企业应在开展安全风险评估和应急资源调查的基础上,建立生产安全事故应急预案体系,制定符合GB/T 29639—2013规定的生产安全事故应急预案,针对安全风险较大的重点场所(设施)制定现场处置方案,并编制重点岗位、人员应急处置卡	生产安全事故应急救援预案,是指生产经营单位根据本单位的实际情况,针对可能发生的事故的类别、性质、特点和范围等情况制定的事故发生时的组织、技术措施和其他应急措施	**查资料:** 1.安全风险评估和应急资源调查报告; 2.生产安全事故应急预案; 3.现场处置方案及重点岗位、人员的应急处置卡	10 AR	1.未编制安全风险评估和应急资源调查报告,扣1分; 2.生产安全事故应急预案体系不全,每项扣2分; 3.现场处置方案不全,每项扣2分; 4.重点岗位、人员应急处置卡不全,或处置卡信息不完整,每项扣1分	
		②应急预案应与当地政府、行业管理部门预案保持衔接,报当地有关部门备案,通报有关协作单位	根据《企业安全生产标准化基本规范》和《关于进一步加强企业安全生产工作的通知》,企业应急预案应根据有关规定报当地主管部门备案,与当地政府应急预案保持衔接,通报有关应急协作单位,并定期进行演练	**查资料:** 1.文件:获取的当地政府、行业管理部门的应急预案; 2.应急预案报当地有关部门备案的记录; 3.应急预案通报有关协作单位的记录	5	1.未明确如何将企业突发事件应急预案与行业主管部门、政府预案保持衔接,扣3分; 2.突发事件应急预案未报备属地行业主管部门和当地政府安全监督管理等部门,扣2分; 3.未与协作单位联动,扣1分	

续上表

评价类目	评价项目		释　义	评价方法	标准分值	评价标准	得分
十四、应急管理(70分)	1.预案制定	③企业应组织开展应急预案评审或论证,并定期进行评估和修订	根据《企业安全生产标准化基本规范》和《生产安全事故应急预案管理办法》,应急预案应对从业人员进行培训、从业人员应了解综合预案、专业预案的内容,掌握岗位专项处置方案。企业应定期对应急预案评审,并根据评审结果或实际情况的变化进行修订和完善,至少每三年修订一次,预案修订情况应有记录并归档	**查资料:** 1.应急预案定期评审的管理规定; 2.应急预案的定期评审记录:包括评审会议签到表、应急预案评审记录等; 3.应急预案修订相关记录	5 ★★	1.未将应急预案执行情况纳入企业安全生产标准化定期评审制度,不得分; 2.未按规定对应急预案进行定期评审,不得分; 3.未根据评审情况对预案进行修改完善,扣3分; 4.查相关记录,应急预案修订未向事先报备或通报的单位或部门报告,扣2分	
	2.应急队伍	①企业应按照有关规定建立应急管理组织机构或指定专人负责应急管理工作,建立与本企业安全生产特点相适应的专(兼)职应急救援队伍	《企业安全生产标准化基本规范》规定:企业应按照有关规定建立应急管理组织机构或指定专人负责应急管理工作,建立与本企业安全生产特点相适应的专(兼)职应急救援队伍	**查资料:** 1.建立应急管理组织机构或专兼职应急救援队伍的文件; 2.应急救援队伍职责; 3.应急救援人员名单。 **询问:** 3~5名应急救援人员联系方式并验证	5	1.未明确相应的专(兼)职应急救援队伍的组成、职责,扣5分; 2.未汇编应急救援人员的岗位、姓名、联系方式,扣3分; 3.按应急救援人员名单,抽查3~5名,联系方式等信息不准确,扣2分	

续上表

评价类目	评价项目		释义	评价方法	标准分值	评价标准	得分
十四、应急管理(70分)	2. 应急队伍	②企业应组织应急救援人员日常训练	为提高应急救援队伍的应急处置能力和应急救援技能，应定期组织应急救援人员进行应急训练	**查资料：** 1. 应急救援人员日常训练计划； 2. 应急救援人员日常训练记录，包括签到表、训练记录、训练效果评价记录	5	1. 未制定应急救援人员日常训练计划，扣5分，内容不完善，扣1~2分； 2. 未按计划组织应急救援人员训练，扣3分； 3. 应急救援人员日常训练记录不完整，每缺1项，扣1分	
	3. 应急物资	①企业应根据可能发生的事故种类特点，按照有关规定设置应急设施，配备应急装备，储备应急物资	应急装备是指用于应急管理与应急救援的工具、器材、服装、技术力量等。 《企业安全生产标准化基本规范》规定：企业应根据可能发生的事故种类特点，按照有关规定设置应急设施，配备应急装备，储备应急物资，建立管理台账，安排专人管理，并定期检查、维护，确保其完好、可靠	**查资料：** 1. 公司应急物资/设施台账； 2. 应急物资购置、更新、发放台账。 **现场检查：** 救援应急物资、装备的储备场所：配备应急物资/装备的种类、数量	5 AR	1. 未按规定配备相应的救援应急物资和装备，扣5分； 2. 未及时配置和更新应急物资，每缺少一项扣0.5分	

续上表

评价类目	评价项目		释　义	评价方法	标准分值	评价标准	得分
十四、应急管理(70分)	3.应急物资	②企业应建立管理台账,安排专人管理,并定期检查、维护,确保其完好、可靠	《生产安全事故应急预案管理办法》规定:生产经营单位应当按照应急预案的规定,落实应急指挥体系、应急救援队伍、应急物资及装备,建立应急物资、装备配备及其使用档案,并对应急物资、装备进行定期检测和维护,使其处于适用状态	**查资料:** 1.应急物资购置、更新、发放台账; 2.应急物资/装备定期检测、维护记录。 **现场检查:** 应急装备的使用状态。	5	1.未建立应急装备维护、检查检测、使用状况的台账和档案,扣3分,记录不详细,扣1分; 2.现场查看,按规定对应急装备进行日常维护和检查,应急装备状态不良,每个扣1分	
	4.应急演练	①企业应按照AQ/T 9007—2011的规定定期组织公司(厂)、车间(工段、区、队、船、项目部)、班组开展生产安全事故应急演练,做到一线从业人员参与应急演练全覆盖	应急预案演练是指针对可能发生的事故、按照应急预案规定的程序和要求所进行的程序化模拟训练演练。 《生产安全事故应急预案管理办法》规定:生产经营单位应当制定本单位的应急预案演练计划,根据本单位的事故风险特点,每年至少组织一次专项应急预案演练,每半年至少组织一次现场处置方案演练	**查资料:** 1.应急预案演练计划; 2.应急预案演练记录,包括应急预案演练通知、演练方案、演练签到表、演练记录及影像资料	10 ★★	1.应按规定制定应急预案演练计划,并印发; 2.应按计划开展应急演练,并保留应急演练记录;应急演练记录,应完整、齐全、真实	

续上表

评价类目	评价项目		释义	评价方法	标准分值	评价标准	得分
十四、应急管理(70分)	4. 应急演练	②企业应按照AQ/T 9009—2015的规定对演练进行总结和评估，根据评估结论和演练发现的问题，修订、完善应急预案，改进应急准备工作	《生产安全事故应急预案管理办法》规定，应急预案演练结束后，应急预案演练组织单位应当对应急预案演练效果进行评估，撰写应急预案演练评估报告，分析存在的问题，并对应急预案提出修订意见	**查资料：** 1. 应急演练总结和评估的规定（明确责任人和要求）； 2. 应急演练总结、评审记录、评审报告； 3. 演练发现问题的分析整改资料； 4. 应急预案修订相关资料	5	1. 未明确应急演练效果评审的责任人和要求，扣2分； 2. 未及时编写评审报告，扣5分；评审报告内容不完善，扣1～2分； 3. 评审提出的问题的分析整改资料不完善，扣2分； 4. 未针对存在的问题，对应急预案提出修订意见，并及时修订，扣3分	
	5. 应急处置	发生事故后，企业应根据预案要求，立即启动应急响应程序，按照有关规定报告事故情况，并开展先期处置	《生产安全事故应急预案管理办法》规定：生产经营单位发生事故时，应当第一时间启动应急响应，组织有关力量进行救援，并按照规定将事故信息及应急响应启动情况报告事故发生地县级以上人民政府应急管理部门和其他负有安全生产监督管理职责的部门	**查资料：** 1. 事故台账； 2. 事故调查处理报告	5	1. 未发生过事故的，本项得满分； 2. 接到事故信息后，未按规定及时启动应急预案，并实施现场应急救援，扣5分； 3. 应急预案不能起到快速反应，迅速处置，避免人员伤亡、减少财产损失、降低环境污染程度，扣3分； 4. 未按规定向有关部门报告事故情况，扣3分	

续上表

评价类目	评价项目		释　义	评价方法	标准分值	评价标准	得分
十四、应急管理(70分)	6.应急评估	①企业应对应急准备、应急处置工作进行评估	应急准备评估是对政府、生产经营单位的应急管理机构、应急预案编制、应急培训、应急演练、应急队伍、应急资源等进行评估，以确保其具备相应的应急准备能力、保存其持续改进机制，并形成书面报告的活动	**查资料：** 1.应急准备、应急处置评估管理规定； 2.应急准备、应急处置评估计划，可包括动态评估、静态评估； 3.应急准备/应急处置评估记录、评估报告； 4.评估发现问题的整改、落实资料	5 ★	1.未制定应急准备、应急处置评估相关规定，扣2分； 2.未按计划开展应急准备、应急处置评估，评估报告内容不全，扣1－3分； 3.应急准备、应急处置评估记录、问题整改记录等，不全，缺1项，扣0.5分	
		②运输、储存危险物品或处置废弃危险物品的企业，应每年进行一次应急准备评估。	安全生产应急准备评估指南中要求被评估单位至少每年组织一次安全生产应急准备评估，所编制的评估报告应针对评估过程中发现的问题制定整改措施，并组织落实	**查资料：** 1.年度应急准备评估计划； 2.年度应急准备评估记录、评估报告； 3.评估发现问题、整改措施及落实资料	3	1.未制定年度应急准备评估计划，扣1分； 2.未按计划安排组织应急准备评估，扣3分； 3.评估记录、评估报告、评估问题的整改资料不完整，扣1～2分	

续上表

评价类目	评价项目		释义	评价方法	标准分值	评价标准	得分
十四、应急管理(70分)	6. 应急评估	③完成险情或事故应急处置后,企业应主动配合有关组织开展应急处置评估	为了掌握公司应对险情或生产安全事故的情况,对公司应急能力进行评估,找出应急准备、应急处置的薄弱环节,制定相应的措施加强应急能力	**查资料:** 发生险情或事故,采取应急处置措施后,进行应急处置评估的相关资料	2	1. 完成事故应急处置后,企业未配合有组织开展应急处置评估,不得分; 2. 完成事故应急处置后,企业配合有组织开展应急处置评估,未保留评估报告,扣1分	
十五、事故报告调查处理(45分)	1. 事故报告	①企业应建立事故报告程序,明确事故内外部报告的责任人、时限、内容等,并教育、指导从业人员严格按照有关规定的程序报告发生的生产安全事故	企业应按照《生产安全事故报告和调查处理条例》规定:事故发生后,事故现场有关人员应当立即向本单位负责人报告;单位负责人接到报告后,应当于1h内向事故发生地县级以上人民政府安全生产监督管理部门和负有安全生产监督管理职责的有关部门报告	**查资料:** 1. 事故报告程序的规定; 2. 事故报告	5	1. 事故报告程序规定的内容不够充分、完整,扣3分; 2. 未按事故报告程序的规定,发生事故后,按要求进行内外部报告,扣5分; 3. 事故报告过程的资料保留不全,扣1~2分	

续上表

评价类目	评价项目		释　义	评价方法	标准分值	评价标准	得分
十五、事故报告调查处理(45分)	1.事故报告	②发生事故,企业应及时进行事故现场处置,按相关规定及时、如实向有关部门报告,没有瞒报、谎报、迟报情况。并应跟踪事故发展情况,及时续报事故信息	企业必须在及时妥善应对处置事故同时,严格按照规定上报事故情况。 “迟报”是指报告事故的时间超过规定时限; “漏报”是指因过失对应当上报的事故或者事故发生的时间、地点、类别、伤亡人数、直接经济损失等内容遗漏未报; “谎报”是指故意不如实报告事故发生的时间、地点、类别、伤亡人数、直接经济损失等有关内容; “瞒报”是指故意隐瞒已经发生的事故,并经有关部门查证属实	**查资料:** 1.安全生产事故报告的规定; 2.事故记录、台账等; 3.事故报告	5 ★★	1.制定安全生产事故报告的规定,责任明确、内容完善、满足规定要求; 2.事故发生后,现场负责人应迅速采取有效措施,组织抢救,防止事故扩大,减少人员伤亡和财产损失; 3.及时、准确、如实向有关部门报告,没有瞒报、谎报、迟报情况; 4.事故报告应包括下列内容:事故发生概况;事故发生时间、地点以及事故现场情况;事故简要经过;事故已造成或者可能造成的伤亡人数(包括失踪的人数);水域环境污染情况下初步估计的直接经济损失;已经采取的措施等	

续上表

评价类目	评价项目		释义	评价方法	标准分值	评价标准	得分
十五、事故报告调查处理(45分)	1.事故报告	③企业应跟踪事故发展情况,及时续报事故信息	《生产安全事故报告和调查处理条例》规定:事故报告后出现新情况的,应当及时补报	**查资料:** 1.安全生产事故报告的规定; 2.续报事故信息相关记录	5	1.未明确及时续报事故信息要求,扣3分; 2.续报事故信息未保留记录,扣2分,记录不完整,扣1~2分	
	2.事故调查处理	①企业应建立内部事故调查和处理制度,按照有关规定、行业标准和国际通行做法,将造成人员伤亡(轻伤、重伤、死亡等人身伤害和急性中毒)和财产损失的事故纳入事故调查和处理范畴	按照有关规定、行业标准和国际通行做法,将造成人员伤亡(轻伤、重伤、死亡等人身伤害和急性中毒)和财产损失的事故纳入事故调查和处理范畴	**查资料:** 1.事故调查和处理制度; 2.事故台账及事故调查处理资料	5	1.未制定事故调查和处理制度,扣5分; 2.事故调查和处理制度规定不合理、不完善等,扣1~3分; 3.未按规定对造成人员伤亡(轻伤、重伤、死亡等人身伤害和急性中毒)和财产损失的事故进行调查和处理的,扣3分; 4.事故调查和处理资料不全,扣1~2分	

续上表

评价类目	评价项目		释义	评价方法	标准分值	评价标准	得分
十五、事故报告调查处理(45分)	2.事故调查处理	②企业应积极配合各级人民政府组织的事故调查,随时接受事故调查组的询问,如实提供有关情况	发生事故后,配合上级部门的事故调查是企业法定责任和义务。企业按照《生产安全事故报告和调查处理条例》配合上级部门,事故调查时应及时如实提供有关情况	**查资料:** 1.事故调查规定; 2.事故报告调查处理资料	5	1.未制定事故调查的相关规定,扣5分;规定中相关职责不明确,内容操作性差,扣1~2分; 2.查事故调查台账,未按规定成立事故调查组进行内部调查,扣2分;未积极配合事故调查及如实提供有关情况,扣2分	
		③企业应按时提交事故调查报告,分析事故原因,落实整改措施	《生产安全事故报告和调查处理条例》规定:事故报告后出现新情况的,应当及时补报	**查资料:** 1.事故报告调查相关规定; 2.事故调查报告; 3.事故原因分析及整改措施资料	5	1.事故报告调查规定的内容不充分,扣1~2分; 2.企业未及时上报事故调查报告,扣2分; 3.未进行事故原因分析,落实整改措施扣3分	
		④发生事故后,企业应及时组织事故分析,并在企业内部进行通报。并应按时提交事故调查报告,分析事故原因,落实整改措施	发生事故后,企业有义务按照"四不放过"原则对事故发生的原因进行分析,分析事故的直接、间接原因和事故责任,提出整改措施和处理建议	**查资料:** 1.事故责任调查分析制度; 2.事故调查报告或事故责任调查档案; 3.事故原因分析、整改措施及落实相关记录	5	1.未制定事故责任调查分析制度,扣5分;制度不完善,扣2分; 2.针对已发生的事故,未及时召开安全生产分析通报会,扣2分; 3.未及时对事故当事人进行各环节、全过程责任倒查及处理,扣2分	

续上表

评价类目	评价项目		释　　义	评价方法	标准分值	评价标准	得分
十五、事故报告调查处理(45分)	2.事故调查处理	⑤企业应按“四不放过”原则严肃查处事故,严格追究责任领导和相关责任人。处理结果报上级主管部门备案	查事故档案和事故调查相关记录,看企业按照“四不放过”(事故原因未查清不放过,责任人员未处理不放过,整改措施未落实不放过,有关人员未受到教育不放过)原则进行整改情况	**查资料:** 1.安全生产事故责任追究办法; 2.事故责任追究记录/档案; 3.事故追责处理结果报上级主管部门备案的资料	5 ★	1.制定完善的安全生产事故责任追究办法,且印发实施;未制定扣5分,未发放扣1分; 2.针对已经发生的安全生产事故,按“四不放过”原则对责任领导和相关责任人实施责任追究和处理;追责处理不到位的,扣1~3分; 3.处理结果按规定报有关主管部门备案,未报有关部门备案,扣3分	
	3.事故档案管理	企业应建立事故档案和管理台账,将承包人、供应商等相关方在企业内部发生的事故纳入本企业事故管理	《交通运输企业安全生产标准化建设基本规范》中规定:企业应建立事故档案和管理台账,将承包人、供应商等相关方在企业内部发生的事故纳入本企业事故管理	**查资料:** 1.承包人、供应商等相关方安全事故管理规定; 2.事故档案和事故管理台账; 3.承包人、供应商等相关方事故调查处理资料	5	1.未制定承包人、供应商等相关方安全事故管理规定,扣5分;内容不充分,扣1~3分; 2.未按规定对承包人、供应商等相关方安全生产事故进行管理,扣3分; 3.事故调查处理资料不完整,扣1~2分; 4.承包人、供应商等相关方事故档案和管理台账不全,有1处,扣1分	

续上表

评价类目	评价项目		释义	评价方法	标准分值	评价标准	得分
十六、绩效评定与持续改进(30分)	1. 绩效评定	①企业应每年至少一次对本单位安全生产标准化的运行情况进行自评,验证各项安全生产制度措施的适宜性、充分性和有效性	企业应按要求每年至少一次全面、系统地与本标准逐条、逐项进行判断和对比、打分、综合分析对本单位安全生产标准化的实施情况进行评定,验证各项安全生产制度措施的适宜性、充分性和有效性,总结安全生产工作现状,查找问题,持续改进	**查资料:** 1. 安全生产标准化自评管理规定; 2. 查开展自评活动的记录、报告等	10	1. 未建立安全生产标准化自评管理制度的,扣5分; 2. 自评活动的策划、实施、总结、报告等不符合要求的,每处扣2分	
		②企业主要负责人应全面负责自评工作。自评应形成正式文件,并将结果向所有部门、所属单位和从业人员通报,作为年度考评的重要依据	安全生产标准化自评工作应由企业主要负责人组织实施,自评结果要经主要负责人确认后向所有部门、所属单位和从业人员通报,并将结果作为年度评价的重要依据。自评报告内容应包含《交通运输企业安全生产标准化建设评价管理办法》中要求的全部内容	**查资料:** 1. 查主要负责人组织实施自评工作的证明材料; 2. 查安全生产标准化自评报告; 3. 查自评报告向所有部门、所属单位和从业人员通报的证明材料	10	1. 未提供主要负责人组织实施自评工作的证明材料,扣6分; 2. 自评报告内容或自评范围不完整的,每处扣2分; 3. 自评报告未向所有部门、所属单位和从业人员通报的,扣5分	

续上表

评价类目	评价项目		释义	评价方法	标准分值	评价标准	得分
十六、绩效评定与持续改进(30分)	2.持续改进	企业应根据安全生产标准化管理体系的自评结果和安全生产预测预警系统所反映的趋势,以及绩效评定情况,客观分析企业安全生产标准化管理体系的运行质量,及时调整完善安全生产目标、指标、规章制度、操作规程等相关管理文件和过程管控,持续改进,不断提高安全生产绩效	企业安全管理体系是指企业内部全部管理体系中专门管理安全工作的部分,包括为制定、实施、实现、评审和保持安全方针、目标所需的组织机构、职责、惯例、程序、过程和资源。 企业应制定安全生产标准化管理综合评价与改进制度,明确综合评价改进责任部门和相关责任人。 综合评价与改进的内容应包括与企业安全生产工作有关事项,至少包括标准化自评结果,安全生产预测预警系统所反映的趋势,以及绩效评定情况,一般通过会议形式进行,由企业安全生产第一责任人主持,各相关部门分别提供有关年度分析报告,制度还应明确会议计划制定与印发、会议材料准备、会议记录、综合评价与改进报告、发现问题的处理等责任人和主要内容	**查资料:** 1.安全管理体系综合评价与改进制度; 2.查安全生产标准化管理综合评价与改进制度落实文件; 3.查综合评价与改进过程中发现问题的整改材料; 4.查相关机构颁发的管理体系认证证书	10	1.未制定安全管理体系综合评价与改进制度,扣5分; 2.未按要求对安全生产标准化管理体系进行综合评价分析,扣5分; 3.未对评价分析出的问题提出整改措施并组织实施的,每项扣2分; 4.未取得有效的管理体系认证证书,扣5分	

续上表

评价类目	评价项目		释义	评价方法	标准分值	评价标准	得分
十六、绩效评定与持续改进(30分)	2.持续改进		安全生产标准化管理综合评价与改进工作,一般安排在年度自评以后,对考评情况进行综合分析评定。 在每年安全生产标准化管理综合评价与改进后,全面综合分析企业安全生产标准化管理工作,着眼长效,运用系统化和标准化管理的原理,完善各项安全生产目标指标、管理制度、操作规程等文件和控制过程,形成企业安全生产管理体系,以持续改进,不断提高安全生产绩效				

评分说明:

1."★"为一级必备条件;"★★"为一、二级必备条件;"★★★"为一、二、三级必备条件,即所有一级企业必须满足一、二、三星要求,二级企业需满足二、三星要求,三级企业需满足三星要求。

2.除满足上述星项要求外,带有标注"AR"(Additional requirements 的意思)的项目执行限制扣分要求,申请一级的企业该项目扣分分值不得超过该项分值的10%,申请二级的企业该项目扣分分值不得超过该项分值的25%,申请三级的企业该项目扣分分值不得超过该项分值的40%,所有"★"项,二、三级企业按照"AR"项要求执行,所有"★★"项,三级企业按照"AR"项要求执行,所有评分项目中存在一项超过上述扣分要求的为达标建设不合格。

3.所有指标中要求的内容,如评审企业不涉及此项工作或当地主管机关未要求开展的,视为不涉及项处理,所得总分按照千分制比例进行换算。如:某企业不涉及项分数为100分,对照千分表去除不涉及项得分为720分,则最终评价得分为720/900×1000=800分。

第二章　公路桥梁运营企业安全生产标准化评价扣分表

<table>
<tr><th>评价类目</th><th>评价项目</th><th>标准分值</th><th>得　　分</th></tr>
<tr><td rowspan="4">一、目标与考核(30分)</td><td>①企业应结合实际制定安全生产目标。安全生产目标应:
a. 符合或严于相关法律法规的要求;
b. 形成文件,并得到本企业所有从业人员的贯彻和实施;
c. 与企业的职业安全健康风险相适应;
d. 具有可考核性,体现企业持续改进的承诺;
e. 便于企业员工及相关方获得</td><td>5
★★</td><td></td></tr>
<tr><td>②企业应根据安全生产目标制定可考核的安全生产工作指标,指标应不低于上级下达的目标。
企业安全生产工作指标应包括:
a. 人身伤害、火灾、财产损失、交通事故等安全生产责任事故控制率;
b. 公路技术状况评定值;
c. 突发事件清障救援到位及时率;
d. 设备设施日常巡查、清洁维护、检查评定等计划执行率</td><td>5
AR</td><td></td></tr>
<tr><td>③企业应制定实现安全生产目标和工作指标的措施</td><td>5</td><td></td></tr>
<tr><td>④企业应制定安全生产年度计划和专项活动方案,并严格执行</td><td>5</td><td></td></tr>
</table>

续上表

<table>
<tr><th>评价类目</th><th colspan="2">评价项目</th><th>标准分值</th><th>得　分</th></tr>
<tr><td rowspan="2">一、目标与考核(30分)</td><td colspan="2">⑤企业应将安全生产工作指标进行细化和分解,制定阶段性的安全生产控制指标,并予以考核</td><td>5</td><td></td></tr>
<tr><td colspan="2">⑥企业应建立安全生产目标考核与奖惩的相关制度,并定期对安全生产目标完成情况予以考核与奖惩</td><td>5</td><td></td></tr>
<tr><td rowspan="5">二、管理机构和人员(35分)</td><td rowspan="3">1.安全生产管理机构</td><td>①企业应建立以企业主要负责人为领导的安全生产委员会(或安全生产领导小组),并应职责明确。应建立健全从安全生产委员会(或安全生产领导小组)至基层班组的安全生产管理网络</td><td>10
★★</td><td></td></tr>
<tr><td>②企业应按规定设置与企业规模相适应的安全生产管理机构</td><td>5
★★</td><td></td></tr>
<tr><td>③企业应定期召开安全生产委员会或安全生产领导小组会议。安全生产管理机构或下属分支机构每月至少召开一次安全工作例会</td><td>5
AR</td><td></td></tr>
<tr><td rowspan="2">2.安全管理人员</td><td>①企业应按规定配备专(兼)职安全生产和应急管理人员</td><td>10
★★</td><td></td></tr>
<tr><td>②企业的主要负责人和安全生产管理人员应具备与本企业所从事的生产经营活动相适应的安全生产和职业健康知识与能力,并保持安全生产管理人员的相对稳定</td><td>5</td><td></td></tr>
</table>

续上表

<table>
<tr><th>评价类目</th><th colspan="2">评价项目</th><th>标准分值</th><th>得　　分</th></tr>
<tr><td rowspan="5">三、安全责任体系(40分)</td><td rowspan="4">1.健全责任制</td><td>①企业应建立安全生产责任制,明确安全生产委员会(或安全生产领导小组)、安全生产管理机构、各职能部门、生产基层单位的安全生产职责,层层签订安全生产责任书,并落实到位</td><td>10
AR</td><td></td></tr>
<tr><td>②企业主要负责人或实际控制人是本企业安全生产第一责任人,对本企业安全生产工作全面负责,负全面组织领导、管理责任和法律责任,并履行安全生产的责任和义务</td><td>5
★★</td><td></td></tr>
<tr><td>③分管安全生产的企业负责人是安全生产的重要负责人,应协助企业安全生产第一责任人落实各项安全生产法律法规、标准规范,统筹协调和综合管理企业的安全生产工作,对本企业安全生产负重要管理责任</td><td>5</td><td></td></tr>
<tr><td>④其他负责人及员工实行“一岗双责”,对业务范围内的安全生产工作负责</td><td>10</td><td></td></tr>
<tr><td>2.责任制考评</td><td>企业应根据安全生产责任进行定期考核和奖惩,并公布考评结果和奖惩情况</td><td>10
★★</td><td></td></tr>
<tr><td>四、资质、法律法规与安全生产管理制度(60分)</td><td>1.资质</td><td>企业的《企业法人营业执照》资质证书应合法有效,经营范围应符合要求。企业应取得高速公路运营管理资格,且管理的高速公路应在国家规定的营运期限内</td><td>5
★★</td><td></td></tr>
</table>

续上表

评价类目	评价项目		标准分值	得　分
四、资质、法律法规与安全生产管理制度(60分)	2. 法律法规及标准规范	①企业应制定及时识别、获取适用的安全生产法律法规、标准规范及其他要求的管理制度,明确责任部门,建立清单和文本(或电子)档案,并定期发布。	5	
		②企业应及时对从业人员进行适用的安全生产法律法规、标准规范宣贯,并根据法规标准和相关要求及时制修订本企业安全生产管理制度	5	
	3. 安全管理制度	①企业应制定安全管理制度,至少应包括:安全生产责任制、安全生产例会制度、安全生产费用管理制度、安全台账管理制度、事故隐患排查治理制度、安全生产教育培训制度、安全生产检查制度、事故统计报告制度、安全生产考核奖惩制度、设备设施安全管理制度、劳动保护用品管理制度、建设项目安全设施“三同时”管理制度、特种作业人员管理制度、危险作业安全管理制度、相关方安全生产监督管理制度、风险管理制度、职业健康管理制度等	5	
		②企业制定的安全生产管理制度应符合国家现行的法律法规的要求	5	
		③企业应组织从业人员进行安全生产管理制度的学习和培训	5	
	4. 操作规程	①企业应制定各岗位操作规程,操作规程应满足国家和行业相关标准规范的要求	5 ★★	
		②企业应在新技术、新材料、新工艺、新设备设施投产或投用前,组织编制相应的操作规程,保证其适用性	5	

续上表

<table>
<tr><th>评价类目</th><th colspan="2">评价项目</th><th>标准分值</th><th>得分</th></tr>
<tr><td rowspan="5">四、资质、法律法规与安全生产管理制度(60分)</td><td>4.操作规程</td><td>③企业应及时将操作规程发放到相关岗位,组织对从业人员进行操作规程的培训</td><td>5</td><td></td></tr>
<tr><td>5.修订</td><td>①企业应定期对安全管理制度和操作规程进行评审,并根据评审结论及时进行修订,确保其有效性、适应性和符合性。在发生以下情况时,应及时对相关的管理制度或操作规程进行评审、修订:
a.国家相关法律、法规、规程、标准废止、修订或新颁布;
b.企业归属、体制、规模发生重大变化;
c.生产设施新建、改建、扩建规模、作业环境已发生重大改变;
d.设备设施发生变更;
e.作业工艺、危险有害特性发生变化;
f.政府相关行政部门提出整改意见;
g.安全评价、风险评估、体系认证、分析事故原因、安全检查发现涉及规章制度、操作规程的问题;
h.其他相关事项</td><td>5</td><td></td></tr>
<tr><td rowspan="2">6.制度执行及档案管理</td><td>①企业每年至少一次对安全生产法律法规、标准规范、规章制度、操作规程的执行情况进行检查</td><td>5</td><td></td></tr>
<tr><td>②企业应建立和完善各类台账和档案,并按要求及时报送有关资料和信息</td><td>5
AR</td><td></td></tr>
</table>

续上表

评价类目	评价项目		标准分值	得分
五、安全投入(40分)	1.资金投入	①企业应按规定足额提取(列支)安全生产费用	15 ★★	
		②安全生产经费应专款专用,企业应保证安全生产投入的有效实施	10	
		③企业应及时投入满足安全生产条件的所需资金	5 AR	
	2.费用管理	①企业应建立安全生产费用台账	5	
		②企业应跟踪、监督安全生产费用使用情况。企业安全生产费用应按照“企业提取、政府监管、确保需要、规范使用”的原则进行管理,安全生产费用应按照以下范围使用: a. 完善、改造和维护安全防护设施设备支出(不含“三同时”要求初期投入的安全设施),包括交通运输设施设备和装卸工具安全状况检测及维护系统、运输设施设备和装卸工具附属安全设备等支出; b. 配备、维护应急救援器材、设备支出和应急演练支出; c. 开展重大危险源和事故隐患评估、监控和整改支出; d. 安全生产检查、评价(不包括新建、改建、扩建项目安全评价)、咨询和标准化建设支出; e. 配备和更新现场作业人员安全防护用品支出; f. 安全生产宣传、教育、培训支出; g. 安全生产适用的新技术、新标准、新工艺、新装备的推广应用支出; h. 安全设施及特种设备检测检验支出; i. 其他与安全生产直接相关的支出	5	

续上表

评价类目	评价项目		标准分值	得分
六、设备设施(125分)	1.基础设施	桥梁上部结构、下部结构、桥面系、防排水等基础设施均符合设计和规范要求	35 AR	
	2.交通安全设施	道路交通标志、标线、隔离栅、防护网、防眩设施、护栏、防撞等道路交通安全设施的设置及状态符合设计和规范要求	35 AR	
	3.收费、监控、通信设备设施	收费、监控、通信系统的设备设施的配备及状态符合相关标准规范要求	20 AR	

续上表

评价类目	评价项目		标准分值	得分
六、设备设施(125分)	4.服务设施	服务区(停车区)内布局合理,标志、标牌、标线设置规范、清晰	20	
	5.养护、清障设备	养护、清障救援等设备的状态应符合相关标准的要求	5 ★★	
	6.管理设施	①消防、供配电、供水、污水处理、建(构)筑物、防雷、用电用气用油设备、公务车辆等设备设施的配备及状态符合相关标准要求	5 ★★	
		②定期对消防、供配电、供水、污水处理、建(构)筑物、防雷、用电用气用油设备、公务车辆等设备设施进行检查、维护,保证其处于良好的状态	5	
七、科技创新与信息化(40分)	1.科技创新及应用	①企业应积极将科技成果应用在公路桥梁运营安全管理当中,积极在公路事故预防预警、防治控制、抢险处置等方面开展创新管理,积极开展安全生产科技攻关或课题研究	5	
		②企业应积极应用安全性能可靠、先进适用的新技术、新工艺、新设备和新材料	5	

续上表

评价类目	评价项目		标准分值	得分
七、科技创新与信息化(40分)	2.科技信息化	①应推广使用道路全程监控系统,协助做好道路交通突发事件信息收集、发布、指挥、调度	10 AR	
		②应纳入交通行业主管部门应急指挥平台,参与配合处置各类道路交通突发事件	10 ★★	
		③应积极建立安全生产管理系统或平台	10	
八、教育培训(90分)	1.培训管理	①企业应按规定开展安全教育培训,明确安全教育培训目标、内容和要求,定期识别安全教育培训需求,制定并实施安全教育培训计划	5	
		②企业应组织安全教育培训,保证安全教育培训所需人员、资金和设施	5	
		③企业应做好安全教育培训记录,建立从业人员安全教育培训档案	10 AR	
		④企业应组织对培训效果的评估,改进提高培训质量	5	
	2.资格培训	①企业的特种设备作业人员应按有关规定参加安全教育培训,取得《特种设备作业人员证》后,方可从事相应的特种设备作业或者管理工作,并按规定定期进行复审	10 AR	
		②企业的特种作业人员应经专门的安全技术培训并考核合格,取得《中华人民共和国特种作业操作证》后,方可上岗作业,并按规定定期进行复审。离开特种作业岗位6个月以上的特种作业人员,应重新进行实际操作考试,经确认合格后方可上岗作业	10 AR	

续上表

<table>
<tr><th>评价类目</th><th colspan="2">评价项目</th><th>标准分值</th><th>得分</th></tr>
<tr><td rowspan="8">八、教育培训(90分)</td><td>3.宣传教育</td><td>企业应组织开展安全生产的法律、法规和安全生产知识的宣传、教育</td><td>5</td><td></td></tr>
<tr><td rowspan="6">4.从业人员培训</td><td>①未经安全生产培训合格的从业人员,不得上岗作业</td><td>5</td><td></td></tr>
<tr><td>②从业人员应每年接受再培训,培训时间不得少于规定学时</td><td>5</td><td></td></tr>
<tr><td>③对离岗一年重新上岗、转换工作岗位的人员,应进行岗前培训。培训内容应包括安全法律法规、安全管理制度、岗位操作规程、风险和危害告知等,与新岗位安全生产要求相符合</td><td>5</td><td></td></tr>
<tr><td>④应对新员工进行三级安全教育培训,经考核合格后,方可上岗。培训时间不得少于规定学时</td><td>10
AR</td><td></td></tr>
<tr><td>⑤企业使用被派遣劳动者的,应纳入本企业从业人员统一管理,进行岗位安全操作规程和安全操作技能的教育和培训</td><td>5</td><td></td></tr>
<tr><td>⑥应在新技术、新设备投入使用前,对管理和操作人员进行专项培训</td><td>5</td><td></td></tr>
<tr><td>5.规范档案</td><td>企业应当建立安全生产教育和培训档案,如实记录安全生产教育和培训的时间、内容、参加人员以及考核结果等情况</td><td>5</td><td></td></tr>
</table>

续上表

评价类目	评价项目		标准分值	得分
九、作业管理(235分)	1.现场作业管理	①应建立作业安全操作规程,明确责任部门以及作业前、作业中、作业后的安全要求,并严格按照规程要求执行	5	
		②对危险性较高的作业活动实施作业许可管理,严格履行审批手续	5 ★★	
		③现场作业人员具有与其岗位和工作内容相符合的资质条件,根据有关要求持证上岗	5 ★★	
		④应对作业人员进行安全告知及安全技术交底	5 AR	
		⑤应指定专人对危险性较高的作业活动进行现场旁站	5	
		⑥应为从业人员配备与岗位相适应的符合国家标准或行业标准的劳动防护用品,并监督、教育从业人员按使用规则佩戴、使用	5	
		⑦从业人员应严格执行操作规程和安全生产作业规定,严禁违章指挥、违章操作、违反劳动纪律	5	
		⑧现场作业区域,未经允许,禁止无关人员进入	5	
	2.安全值班	应制定并落实安全生产值班计划,重要时期实行领导到岗带班,有值班记录台账	5	

续上表

评价类目	评价项目		标准分值	得　分
九、作业管理(235分)	3.相关方管理	①企业应明确和执行对公路养护单位、服务区服务项目经营者、承包商及其他相关方的安全管理制度，在其服务活动中签订并保存安全协议，明确双方安全责任和安全管理要求	5	
		②企业应对两个或两个以上相关方共同生产作业进行统一安全管理，明确职责并落实到位	5	
		③企业应落实相关方安全监督管理职责，严格执行作业前准备、作业过程、表现评估等管理，并建立合格相关方名录和档案	5	
	4.工作环境	工作、生活场所的布置应符合安全、消防和职业健康要求，疏散距离合理，消防通道畅通，各种设施布局合理	5	
	5.警示标志	存在危险因素的场所和设备设施，应设置明显的安全警示标志，警示、告知危险种类、后果及应急措施	5	
	6.养护管理	①应制定养护日常巡查制度，明确巡查内容、频率、要求，记录完整	5 AR	
		②企业自身不具有养护资格和能力的，应当依法通过招标等方式，委托具有相应能力的公路桥梁养护单位进行养护，并报行业管理机构备案	5	

续上表

评价类目	评价项目		标准分值	得分
九、作业管理(235分)	6.养护管理	③应编制和实施公路桥梁年度养护计划	5	
		④应按规定配备桥梁养护工程师,并保持其人员的相对稳定	5 ★★	
		⑤应开展桥梁经常性检查、定期检查和特殊检查,留存相关活动记录并及时对检查结果进行处理	5 ★★	
		⑥应对航空障碍灯、梁底指示灯、桥上照明设施定期检查和维护,留存相关活动记录	3	
		⑦桥面应保持完好,泄水管、排水槽通畅,伸缩缝无沉积物、积水,桥面栏杆无明显锈蚀或变形	2	
		⑧应定期开展桥下空间安全检查,桥下无堆积物、违章建(构)筑物,安全防护措施完好	3	
		⑨应对桥梁上其他设施定期检查和维护,留存相关活动记录	2	
		⑩应按规定对通航桥梁设置桥涵标、桥柱灯及桥区水域助航标志,并进行维护	3	
		⑪应定期组织桥梁技术状况评定,及时开展桥梁病害整治	2	
		⑫发现挡土墙病害应查明原因,采取修复、加固等措施,必要时可全部或部分拆除重建	3	

续上表

评价类目	评价项目		标准分值	得　　分
九、作业管理(235分)	6.养护管理	⑬沿线绿化植物应管护良好,无妨碍视距、影响交通安全、遮挡标志牌等情况	2	
		⑭路面应整洁,无影响交通安全的堆积物、抛撒物、油污、积水、积雪,路面无影响交通安全的坑槽、拥包、桥头跳车等明显病害	3	
		⑮沥青路面应进行预防性、经常性和周期性养护,根据路况巡查情况,制订日常小修保养和工程计划;对于较大范围路面损坏和达到或超过设计使用年限的路面,应及时安排大中修或改建工程	2	
		⑯公路桥梁大中修项目应编制工程设计文件,经相关部门审核或审批通过后,方可组织实施,并按规定组织验收	5	
		⑰养护作业影响车辆安全行驶的,应当编制养护作业路段交通组织方案,并在实施前报公路管理机构和公安交通管理部门备案;危险性较大的养护作业应制定专项方案,并严格按照方案施工	5 AR	
		⑱应按规定合理布设养护作业控制区,满足人员、设备作业要求;控制区间距应合理,现场交通标志、标线、渠化装置等安全设施设置应符合要求	5	
		⑲应定期对养护车辆、机械进行检查、维护,留存相关活动记录	5	

续上表

<table>
<tr><th>评价类目</th><th colspan="2">评价项目</th><th>标准分值</th><th>得　分</th></tr>
<tr><td rowspan="9">九、作业管理(235分)</td><td rowspan="2">7.收费管理</td><td>①应开通足够数量的收费道口,保障车辆正常通行</td><td>5</td><td></td></tr>
<tr><td>②节假日、重大活动等特定时段依照国家规定施行免费通行的,应采取相应的措施,确保高速公路安全、畅通运行</td><td>5
★★</td><td></td></tr>
<tr><td rowspan="7">8.服务区管理</td><td>①应按相关要求,对服务区的各种设备设施进行检查、维护,留存相关活动记录</td><td>5</td><td></td></tr>
<tr><td>②服务区内昼夜不间断正常供电、供水,停车场、公共厕所等公益性基本设施应当昼夜不间断提供服务</td><td>5</td><td></td></tr>
<tr><td>③企业应对服务区内非公路标志的设置进行统一规划,做到布局合理;对设置的非公路标志应当定期维护,确保安全</td><td>5</td><td></td></tr>
<tr><td>④企业应安排专职管理人员负责停车场的秩序和安全管理,定期组织专职管理人员接受安全教育;专职管理人员负责指挥车辆按指定区域有序停放,其上岗时应当穿着统一的安全标志服;载有易燃、易爆、剧毒化学物品的车辆确需在停车场内临时停放的,专职管理人员应当引导其停放在指定区域,指定的停放区域距加油站及建筑物的距离应当符合国家规定</td><td>5</td><td></td></tr>
<tr><td>⑤服务区内的公共厕所地面应防滑,内部设施应保持完好</td><td>5</td><td></td></tr>
<tr><td>⑥服务区内的加油站、加气站应满足相关方管理要求</td><td>5</td><td></td></tr>
<tr><td>⑦服务区内易燃、易爆物品存放应符合相关规定</td><td>5</td><td></td></tr>
</table>

续上表

评价类目	评价项目		标准分值	得　分
九、作业管理(235分)	8.服务区管理	⑧服务区内客房服务应严格执行来客登记制度，并保持消防安全通道畅通	5	
		⑨企业应当建立24h值班制度，维护服务区良好的服务秩序，保证各项服务工作有序开展；应当配合相关执法人员及时制止、处理服务区内的破坏社会治安、影响公共卫生及损坏路产路权的行为	5	
		⑩服务区应专门设置危险货物车辆停车区，停车区应满足相关规范要求	5	
		⑪企业应制定服务区突发事件应急预案，当服务区内发生突发事件时，高速公路经营管理者应按照应急预案及时处置并上报	5 ★★	
	9.联网监控	①应根据实际需求设置监控(分)中心及基层监控单元，负责所辖路段运营管理工作	5	
		②企业应完善监控、通信等系统设施，达到联网运行的标准和要求，并应加强设备和设施维护，使其处于良好的技术状况，保证联网运行系统的正常工作	5	
	10.信息服务	企业应建立高速公路信息发布制度和平台，通过网站、服务热线、电子诱导系统等向社会提供高速公路交通路况、气象预警等出行信息服务	5	
	11.超限管理	①在桥梁入口处等相关设施的显著位置，应设置公路桥梁限载、限高、限宽、限长标志	5	
		②除经批准运载不可解体物品的超限运输车辆外，发现其他超限运输车辆或车辆运载危险化学物品违反有关规定的，应及时向相关管理部门报告	5	

续上表

<table>
<tr><th>评价类目</th><th colspan="2">评价项目</th><th>标准分值</th><th>得　分</th></tr>
<tr><td>九、作业管理(235分)</td><td>12.清障施救</td><td>企业可自行配置符合GB 7258—2017等技术规范的清障救援牵引车辆，或者委托符合条件的清障救援牵引服务企业，提供高速公路清障救援牵引服务</td><td>5</td><td></td></tr>
<tr><td rowspan="8">十、风险管理(60分)</td><td>1.一般要求</td><td>企业应依法依规建立健全安全生产风险管理制度，开展本单位管理范围内的风险辨识、评估、管控等工作，落实重大风险登记、重大危险源报备责任，防范和减少安全生产事故</td><td>5
AR</td><td></td></tr>
<tr><td rowspan="3">2.风险辨识</td><td>①企业应制定风险辨识规则，明确风险辨识的范围、方式和程序</td><td>5</td><td></td></tr>
<tr><td>②风险辨识应系统、全面，并进行动态更新</td><td>5</td><td></td></tr>
<tr><td>③风险辨识应涉及所有的工作人员(包括外部人员)、工作过程和工作场所。安全生产风险辨识结束后应形成风险清单</td><td>3</td><td></td></tr>
<tr><td rowspan="2">3.风险评估</td><td>①企业应从发生危险的可能性和严重程度等方面对风险因素进行分析，选定合适的风险评估方法，明确风险评估规则</td><td>2</td><td></td></tr>
<tr><td>②企业应依据风险评估规则，对风险清单进行逐项评估，确定风险等级</td><td>5</td><td></td></tr>
<tr><td>4.风险控制</td><td>①企业应根据风险评估结果及经营运行情况等，按以下顺序确定控制措施：
a.消除；
b.替代；
c.工程控制措施；
d.设置标志警告和(或)管理控制措施；
e.个体防护装备等</td><td>5</td><td></td></tr>
</table>

续上表

评价类目		评价项目	标准分值	得分
十、风险管理(60分)	4.风险控制	②企业应将安全风险评估结果及所采取的控制措施告知相关从业人员,使其熟悉工作岗位和作业环境中存在的安全风险,掌握、落实应采取的控制措施	5	
		③企业应建立风险动态监控机制,按要求对风险进行控制和监测,及时掌握风险的状态和变化趋势,以确保风险得到有效控制	3	
	5.重大风险管控	①企业对重大风险进行登记建档,设置重大风险监控系统,制定动态监测计划,并单独编制专项应急措施	5 ★★	
		②企业应当在重大风险所在场所设置明显的安全警示标志,对进入重大风险影响区域的人员组织开展安全防范、应急逃生避险和应急处置等相关培训和演练	5	
		③企业应当将本单位重大风险有关信息通过公路水路行业安全生产风险管理信息系统进行登记,构成重大危险源的应向属地负有安全生产监督管理职责的交通运输管理部门备案	2 ★★	
		④重大风险经评估确定等级降低或解除的,企业应于规定的时间内通过公路水路行业安全生产风险管理系统予以销号	2	
	6.预测预警	①企业应根据生产经营状况、安全风险管理及隐患排查治理、事故等情况,运用定量或定性的安全生产预测预警技术,建立企业安全生产状况及发展趋势的安全生产预测预警机制	5	
		②当风险因素达到预警条件的,企业应及时发出预警信息,并立即采取针对性措施,防范安全生产事故发生	3	

续上表

评价类目	评价项目		标准分值	得分
十一、隐患排查和治理(50分)	1.隐患排查	①企业应落实隐患排查治理和防控责任制,组织事故隐患排查治理工作,实行从隐患排查、记录、监控、治理、销账到报告的闭环管理	5 ★★	
		②企业应依据有关法律法规、标准规范等,组织制定各部门、岗位、场所、设备设施的隐患排查治理标准或排查清单,明确隐患排查的时限、范围、内容和要求,并组织开展相应的培训。隐患排查的范围应包括所有与生产经营相关的场所、人员、设备设施和活动,包括承包商和供应商等相关服务范围	5 AR	
		③生产经营单位应当建立事故隐患日常排查、定期排查和专项排查工作机制。日常排查每周应不少于1次,定期排查每半年应不少于1次,并根据政府及有关管理部门安全工作的专项部署、季节性变化或安全生产条件变化情况进行专项排查	5	
		④企业应填写事故隐患排查记录,依据确定的隐患等级划分标准对发现或排查出的事故隐患进行判定,确定事故隐患等级并进行登记,形成事故隐患清单。企业应将重大事故隐患向属地负有安全生产监督管理职责的交通运输管理部门备案	5 ★★	
	2.隐患治理	①对于一般事故隐患,企业应按照职责分工立即组织整改,确保及时进行治理	5	
		②对于重大事故隐患,企业主要负责人组织制定专项隐患治理整改方案,并确保整改措施、责任、资金、时限和预案“五到位”。整改方案应包括: a.整改的目标和任务; b.整改方案和整改期的安全保障措施; c.经费和物资保障措施;	5 AR	

续上表

评价类目	评价项目		标准分值	得　分
十一、隐患排查和治理(50分)	2.隐患治理	d.整改责任部门和人员； e.整改时限及节点要求； f.应急处置措施； g.跟踪督办及验收部门和人员		
		③企业在事故隐患整改过程中,应采取相应的监控防范措施,防止发生次生事故	5	
		④事故隐患整改完成后,企业应按规定进行验证或组织验收,出具整改验收结论,并签字确认。重大事故隐患整改验收通过的,企业应将验收结论向属地负有安全生产监督管理职责的交通运输管理部门报备,并申请销号	5 ★★	
		⑤企业应对重大事故隐患形成原因及整改工作进行分析评估,及时完善相关制度和措施,依据有关规定和制度对相关责任人进行处理,并开展有针对性的培训教育	5	
		⑥企业应对事故隐患排查治理情况如实记录,建立相关台账,并定期组织对本单位事故隐患治理情况进行统计分析,及时梳理、发现安全生产问题和趋势,形成统计分析报告,改进安全生产工作	5	
十二、职业健康(20分)	1.健康管理	①企业应落实职业病防治主体责任,按规定设置职业健康管理机构和配备专(兼)职管理人员;落实职业病危害告知、日常监测、定期报告和防护保障等制度措施。 企业应按规定委托具有相应资质的职业健康技术服务机构每年至少进行一次职业病危害因素检测,检测结果存入职业健康档案,并向劳动者公布	5	

续上表

<table>
<tr><th>评价类目</th><th colspan="2">评价项目</th><th>标准分值</th><th>得分</th></tr>
<tr><td rowspan="3">十二、职业健康(20分)</td><td rowspan="2">1.健康管理</td><td>②提供符合职业健康要求的工作环境和条件;应按规定组织有关从业人员进行职业健康检查,并建立有关从业人员职业健康档案</td><td>5</td><td></td></tr>
<tr><td>③企业应按规定对存在或者可能产生职业病危害的工作场所、作业岗位、设备、设施设置警示标识和中文警示说明</td><td>5
AR</td><td></td></tr>
<tr><td>2.职业危害申报</td><td>企业应按规定及时、如实向当地主管部门申报运营过程中存在的职业病危害因素,并接受其监督</td><td>5</td><td></td></tr>
<tr><td rowspan="6">十三、安全文化(30分)</td><td rowspan="2">1.安全环境</td><td>①设立安全文化廊、安全角、黑板报、宣传栏等员工安全文化阵地</td><td>5</td><td></td></tr>
<tr><td>②公开安全生产举报电话号码、通信地址或者电子邮件信箱。对接到的安全生产举报和投诉及时予以调查和处理,并公开处理结果</td><td>5
AR</td><td></td></tr>
<tr><td rowspan="4">2.安全行为</td><td>①企业应建立包括安全价值观、安全愿景、安全使命和安全目标等在内的安全承诺</td><td>5
★</td><td></td></tr>
<tr><td>②企业应结合企业实际编制员工安全知识手册,并发放到职工</td><td>5</td><td></td></tr>
<tr><td>③企业应组织开展安全生产月活动、安全生产班组竞赛活动,有方案、有总结</td><td>5</td><td></td></tr>
<tr><td>④企业应对安全生产进行检查、评比、考评,总结和交流经验,推广安全生产先进管理方法;对在安全工作中做出显著成绩的集体、个人给予表彰、奖励,并与其经济利益挂钩</td><td>5</td><td></td></tr>
</table>

续上表

评价类目		评价项目	标准分值	得　分
十四、应急管理(70分)	1.预案制定	①企业应在开展安全风险评估和应急资源调查的基础上,建立生产安全事故应急预案体系,制定符合 GB/T 29639—2013 规定的生产安全事故应急预案,针对安全风险较大的重点场所(设施)制定现场处置方案,并编制重点岗位、人员应急处置卡	10 AR	
		②应急预案应与当地政府、行业管理部门预案保持衔接,报当地有关部门备案,通报有关协作单位	5	
		③企业应组织开展应急预案评审或论证,并定期进行评估和修订	5 ★★	
	2.应急队伍	①企业应按照有关规定建立应急管理组织机构或指定专人负责应急管理工作,建立与本企业安全生产特点相适应的专(兼)职应急救援队伍	5	
		②企业应组织应急救援人员日常训练	5	
	3.应急物资	①企业应根据可能发生的事故种类特点,按照有关规定设置应急设施,配备应急装备,储备应急物资	5 AR	
		②企业应建立管理台账,安排专人管理,并定期检查、维护,确保其完好、可靠	5	
	4.应急演练	①企业应按照 AQ/T 9007—2011 的规定定期组织公司(厂)、车间(工段、区、队、船、项目部)、班组开展生产安全事故应急演练,做到一线从业人员参与应急演练全覆盖	10 ★★	
		②企业应按照 AQ/T 9009—2015 的规定对演练进行总结和评估,根据评估结论和演练发现的问题,修订、完善应急预案,改进应急准备工作	5	

续上表

评价类目	评价项目		标准分值	得分
十四、应急管理(70分)	5.应急处置	发生事故后,企业应根据预案要求,立即启动应急响应程序,按照有关规定报告事故情况,并开展先期处置	5	
	6.应急评估	①企业应对应急准备、应急处置工作进行评估	5 ★	
		②运输、储存危险物品或处置废弃危险物品的企业,应每年进行一次应急准备评估	3	
		③完成险情或事故应急处置后,企业应主动配合有关组织开展应急处置评估	2	
十五、事故报告调查处理(45分)	1.事故报告	①企业应建立事故报告程序,明确事故内外部报告的责任人、时限、内容等,并教育、指导从业人员严格按照有关规定的程序报告发生的生产安全事故	5	
		②发生事故,企业应及时进行事故现场处置,按相关规定及时、如实向有关部门报告,没有瞒报、谎报、迟报情况。并应跟踪事故发展情况,及时续报事故信息	5 ★★	
		③企业应跟踪事故发展情况,及时续报事故信息	5	
	2.事故调查处理	①企业应建立内部事故调查和处理制度,按照有关规定、行业标准和国际通行做法,将造成人员伤亡(轻伤、重伤、死亡等人身伤害和急性中毒)和财产损失的事故纳入事故调查和处理范畴	5	
		②企业应积极配合各级人民政府组织的事故调查,随时接受事故调查组的询问,如实提供有关情况	5	
		③企业应按时提交事故调查报告,分析事故原因,落实整改措施	5	

续上表

评价类目	评价项目		标准分值	得分
十五、事故报告调查处理(45分)	2.事故调查处理	④发生事故后,企业应及时组织事故分析,并在企业内部进行通报。并应按时提交事故调查报告,分析事故原因,落实整改措施	5	
		⑤企业应按“四不放过”原则严肃查处事故,严格追究责任领导和相关责任人。处理结果报上级主管部门备案	5★	
	3.事故档案管理	企业应建立事故档案和管理台账,将承包商、供应商等相关方在企业内部发生的事故纳入本企业事故管理	5	
十六、绩效评定与持续改进(30分)	1.绩效评定	①企业应每年至少一次对本单位安全生产标准化的运行情况进行自评,验证各项安全生产制度措施的适宜性、充分性和有效性	10	
		②企业主要负责人应全面负责自评工作。自评应形成正式文件,并将结果向所有部门、所属单位和从业人员通报,作为年度考评的重要依据	10	

续上表

评价类目	评价项目		标准分值	得　　分
十六、绩效评定与持续改进(30分)	2.持续改进	企业应根据安全生产标准化管理体系的自评结果和安全生产预测预警系统所反映的趋势,以及绩效评定情况,客观分析企业安全生产标准化管理体系的运行质量,及时调整完善安全生产目标、指标、规章制度、操作规程等相关管理文件和过程管控,持续改进,不断提高安全生产绩效	10	

评分说明:

1.“★”为一级必备条件;“★★”为一、二级必备条件;“★★★”为一、二、三级必备条件,即所有一级企业必须满足一、二、三星要求,二级企业需满足二、三星要求,三级企业需满足三星要求。

2.除满足上述星项要求外,带有标注“AR”(Additional requirements)的项目执行限制扣分要求,申请一级的企业该项目扣分分值不得超过该项分值的10%,申请二级的企业该项目扣分分值不得超过该项分值的25%,申请三级的企业该项目扣分分值不得超过该项分值的40%,所有“★”项,二、三级企业按照“AR”项要求执行,所有“★★”项,三级企业按照“AR”项要求执行,所有评分项目中存在一项超过上述扣分要求的为达标建设不合格。

3.所有指标中要求的内容,如评审企业不涉及此项工作或当地主管机关未要求开展的,视为不涉及项处理,所得总分按照千分制比例进行换算。如:某企业不涉及项分数为100分,对照千分表去除不涉及项得分为720分,则最终评价得分为720/900×1000=800分。

4.所有涉及抽查、询问人员的指标,如细则中无具体说明,抽查数量为总数的10%,最低抽查数量为5,最高抽查数量为15,抽查的人员及车辆应具有代表性,每种类别车辆或人员必须要有抽样。

附件　交通运输部关于印发《交通运输企业安全生产标准化建设评价管理办法》的通知

交安监发〔2016〕133号

各省、自治区(直辖市)、长江航务管理局:

为深入贯彻落实《中华人民共和国安全生产法》,大力推进企业安全生产标准化建设,现将《交通运输企业安全生产标准化建设评价管理办法》印发给你们,请遵照执行。

交通运输部

2016年7月26日

交通运输企业安全生产标准化建设评价管理办法

第一章　总　　则

第一条　为推进交通运输企业安全生产标准化建设,规范评价工作,促进企业落实安全生产主体责任,依据《中华人民共和国安全生产法》,制定本办法。

第二条　本办法适用于中华人民共和国境内交通运输企业安全生产标准化建设评价及其监督管理工作。

第三条　交通运输部负责全国交通运输企业安全生产标准化建设工作的指导,具体负责一级评价机构的监督管理。

省级交通运输主管部门负责本管辖范围内交通运输企业安全生产标准化建设工作的指导,具体负责二、三级评价机构的监督管理。

长江航务管理局、珠江航务管理局分别负责行政许可权限范围内的长江干线、西江干线省际航运企业安全生产标准化建设工作的指导，具体负责二、三级评价机构的监督管理(以上部门和单位统称为主管机关)。

第四条 交通运输企业安全生产标准化建设按领域分为道路运输、水路运输、港口营运、城市客运、交通运输工程建设、收费公路运营六个专业类型和其他类型(未列入前六种类型，但由交通运输管理部门审批或许可经营)。

道路运输专业类型含道路旅客运输、道路危险货物运输、道路普通货物运输、道路货物运输站场、汽车租赁、机动车维修和汽车客运站等类别；水路运输专业类型含水路旅客运输、水路普通货物运输、水路危险货物运输等类别；港口营运专业类型含港口客运、港口普通货物营运、港口危险货物营运等类别；城市客运专业类型含城市公共汽车客运、城市轨道交通运输和出租汽车营运等类别；交通运输工程建设专业类型含交通运输建筑施工企业和交通工程建设项目等类别；收费公路运营专业类型含高速公路运营、隧道运营和桥梁运营等类别。

第五条 交通运输企业安全生产标准化建设等级分为一级、二级、三级，其中一级为最高等级，三级为最低等级。水路危险货物运输、水路旅客运输、港口危险货物营运、城市轨道交通、高速公路、隧道和桥梁运营企业安全生产标准化建设等级不设三级，二级为最低等级。

交通运输企业安全生产标准化建设标准和评价指南，由交通运输部另行发布。

第六条 交通运输企业安全生产标准化建设评价工作应坚持“政策引导、依法推进、政府监管、社会监督”的原则。

第七条 交通运输企业安全生产标准化建设评价及相关工作应统一通过交通运输企业安全生产标准化管理系统(简称管理系统)开展。

第八条 交通运输部通过购买服务委托管理维护单位，具体承担管理系统的管理、维护与数据分析、评审员能力测试题库维护、评价机构备案和档案管理等日常工作。各省级主管机关可根据需要通过购买服务委托省级管理维护单位承担相关日常工作。

第九条 管理维护单位应具备以下条件：

(一)具有独立法人资格，从事交通运输业务的事业单位或经批准注册的交通运输行业社团组织；

(二)具有相适应的固定办公场所、设施和必要的技术条件；

(三)配有满足工作所需的管理和技术人员；

(四)3年内无重大违法记录，信用状况良好；

(五)具有完善的内部管理制度；

(六)法律、法规规定的其他条件。

第十条　主管部门应与委托的管理维护单位签订合同或协议,明确委托工作任务、要求及相关责任。

第十一条　管理维护单位因自身条件变化不满足第九条要求或不能履行合同承诺的,主管机关应解除合同并及时向社会公告。

第二章　评　审　员

第十二条　评审员是具有企业安全生产标准化建设评价能力,进入评审员名录的人员。

第十三条　凡遵守法律法规,恪守职业道德,符合下列条件,通过管理系统登记报备,经公示5个工作日,公示结果不影响登记备案的,自动录入评审员名录。

(一)具有全日制理工科大学本科及以上学历;

(二)具备中级及以上专业技术职称,或取得初级技术职称5年以上;

(三)具有5年及以上申报专业类型安全相关工作经历;

(四)身体健康,年龄不超过70周岁;

(五)同时登记备案不超过3个专业类型;

(六)通过管理系统相关专业类型专业知识、技能和评价规则的在线测试;

(七)申请人5年内未被列入政府、行业黑名单或1年内未被列入政府、行业公布的不良信息名录;

(八)评审员承诺备案信息真实,考评活动中严格遵守国家有关法律法规,不弄虚作假、提供虚假证明,一旦违反,自愿退出交通运输企业安全生产标准化建设评价相关活动。

第十四条　评审员按专业类型自愿申请登记在一家评价机构后,方可从事交通运输企业安全生产标准化建设评价工作,登记完成后12个月内不可撤回。

第十五条　评审员应按年度开展继续教育学习,自登记备案进入评审员名录后,每12个月周期内均应通过管理系统进行继续教育在线测试。通过测试的,可继续从事企业安全生产标准化建设评价工作;未通过测试的,暂停参加评价活动,直至通过继续教育测试。继续教育测试不收取任何费用。

第十六条　部级管理维护单位应按年度发布评审员继续教育测试大纲,评审员年度继续教育测试大纲应包含以下内容:

(一)相关专业的安全生产法律、法规、标准规范;

(二)交通运输企业安全生产标准化建设有关新政策;

(三)应更新的安全生产专业知识。

第十七条　评审员个人信息变动应于5个工作日内通

过管理系统报备。

第十八条 评审员向受聘的评价机构申请不再从事企业安全生产标准化建设评价工作，或年龄超过70岁的，部管理维护单位应在5个工作日内注销其备案信息。

第三章 评价机构

第十九条 评价机构是指满足评价机构备案条件，完成管理系统登记报备，从事交通运输企业安全生产标准化建设评价的第三方服务机构。

第二十条 评价机构分为一、二、三级。一级评价机构向交通运输部备案，二、三级评价机构向省级主管机关备案。

一级评价机构可承担申请一、二、三级的企业安全生产标准化评价工作，二级评价机构可承担备案地区申请二、三级的企业安全生产标准化评价工作，三级评价机构可承担备案地区申请三级的企业安全生产标准化评价工作。

第二十一条 凡符合以下条件，通过管理系统登记备案，经公示5个工作日，公示结果不影响登记备案的，自动录入评价机构名录。

（一）从事交通运输业务的独立法人单位或社团组织；

（二）具有一定的交通运输企业安全生产标准化建设评价或交通运输安全生产技术服务工作经历；

（三）具有相适应的固定办公场所、设施；

（四）具有一定数量专职管理人员和相应专业类型的自有评审员；

（五）初次申请一级评价机构备案，应已完成本专业类型二级评价机构备案1年以上，并具有相关评价经历；

（六）建立了完善的管理制度体系；

（七）单位或法定代表人3年内未被列入政府、行业黑名单或1年内未被列入政府、行业公布的不良信息名录；

（八）评价机构同一等级登记备案不超过3个专业类型；

（九）评价机构承诺备案信息真实，严格遵守国家有关法律法规，不弄虚做假、提供虚假证明，一旦违反，自愿退出交通运输企业安全生产标准化建设评价相关活动；

（十）满足其他法律法规要求。

以上第一至五款评价机构具体备案条件见附录A。

第二十二条 评价机构进入评价机构名录后，备案信息有效期5年，并向社会公布。备案信息公布内容应包含评价机构的名称、法定代表人、专业类型、等级、地址和印模、备案号和有效期等。

第二十三条 评价机构可在登记备案期届满前1个月通过管理系统进行延期备案，延期备案符合下列条件，经公示5

个工作日后,结果不影响延期备案的,自动延长备案期5年。

(一)单位经营资质合法有效;

(二)未被主管机关列入公布的不良信息名录;

(三)满足该等级评价机构登记备案条件。

第二十四条　评价机构名称、地址或法定代表人变更,或从事专职管理和评价工作的人员变动累计超过25%的,应通过管理系统进行信息变更备案。

第二十五条　评价机构应不断完善内部管理制度,严格规范评价过程管理,并对评价和年度核查结论负责。

第二十六条　评价机构应按年度总结评价工作,于次年1月底前通过管理系统报管理维护单位,管理维护单位汇总分析后,形成年度报告报主管机关。

第二十七条　评价机构在妥善处置其负责评价和年度核查相关业务后,可向登记备案的管理维护单位申请注销其评价机构备案信息,管理维护单位核实相关业务处置妥善后应在5个工作日内完成备案注销工作,并通过管理系统向社会公布。评价机构申请注销的,2年内不得重新备案,所聘评审员自动恢复未登记评价机构状态。

第四章　评价与等级证明颁发

第二十八条　评价机构负责交通运输企业安全生产标准化建设评价活动的组织实施和评价等级证明的颁发。

第二十九条　交通运输企业安全生产标准化建设评价包括初次评价、换证评价和年度核查三种形式。

第三十条　交通运输企业安全生产标准化建设等级证明应按照交通运输部规定的统一样式制发,有效期3年。

第三十一条　已经通过低等级交通运输企业安全生产标准化建设评价的企业申请高等级交通运输企业安全生产标准化建设评价的,评价及颁发等级证明应按照初次评价的有关规定执行。

第三十二条　交通运输企业应根据经营范围分别申请相应专业类别建设评价,属同一专业类型不同专业类别的,可合并评价。

第三十三条　交通运输企业申请安全生产标准化建设评价应遵循以下规定:

(一)依照法律法规要求自主申请;

(二)自主选择相应等级的评价机构;

(三)评价过程中,向评价机构和评审员提供所需工作条件,如实提供相关资料,保障有效实施评价。

(四)有权向主管机关、管理维护单位举报、投诉评价机构或评审员的不正当行为。

第三十四条　交通运输企业在取得安全生产标准化等级证明后,应根据评价意见和标准要求不断完善其安全生产标准化管理体系,规范安全生产管理和行为,形成可持续改进的长效机制,并接受主管机关、评价机构的监督。

第一节　初次评价

第三十五条　申请初次评价应具备以下条件:

(一)具有独立法人资格,从事交通运输生产经营建设的企业或独立运营的实体;

(二)具有与其生产经营活动相适应的经营资质、安全生产管理机构和人员,并建立相应的安全生产管理制度;

(三)近1年内没有发生较大以上安全生产责任事故;

(四)已开展企业安全生产标准化建设自评,结论符合申请等级要求。

第三十六条　交通运输企业应通过管理系统向所选择的评价机构提出企业安全生产标准化建设评价申请,申报初次评价应提交以下资料:

(一)标准化建设评价申请表(样式由管理系统提供);

(二)法律法规规定的企业法人营业执照、经营许可证、安全生产许可证等;

(三)企业安全生产标准化建设自评报告。自评报告应包含:企业简介和安全生产组织架构;企业安全生产基本情况(含近3年应急演练、一般以上安全事故和重大安全事故隐患及整改情况);从业人员资格、企业安全生产标准化建设过程;自评综述、自评记录、自评问题清单和整改确认;自评评分表和结论等。

第三十七条　评价机构接到交通运输企业评价申请后,应在5个工作日内完成申请材料完整性和符合性核查。核查不通过的,应及时告知企业,并说明原因。评价机构对申请材料核查后,认为自身能力不足或申请企业存在较大安全生产风险时,可拒绝受理申请,并向其说明,记录在案。

第三十八条　企业申请资料核查通过后,评价机构应成立评价组,任命评价组长,制定评价方案,提前5个工作日告知当地主管机关后,满足下列条件,可启动现场评价。

(一)评价组评审员不少于3人,其中自有评审员不少于1人;

(二)评价组长原则上应为自有评审员,且具有2年和8家以上同等级别企业安全生产标准化建设评价经历,3年内没有不良信用记录,并经评价机构培训,具有较强的现场沟通协调和组织能力;

(三)评价组应熟悉企业评价现场安全应急要求和当地相关法律法规和标准规范要求。

第三十九条　评价机构应在接受企业评价申请后30个工作日内完成对企业的现场评价工作,并提交评价报告。

第四十条　现场评价工作完成后,评价组应向企业反馈发现的安全事故隐患和问题、整改建议及现场评价结论,形成现场评价问题清单,问题清单应经企业和评价组签字确认。现场发现的重大安全事故隐患和问题应向负有直接安全生产监督管理职责的交通运输管理部门和相应的主管机关报告。

第四十一条　企业对评价发现的安全事故隐患和问题,在现场评价结束30日内按要求整改到位的,经申请,由评价机构确认整改合格,所完成的整改内容可视为达到相关要求;对于不影响评价结论的安全事故隐患和问题,企业应按评价机构有关建议积极组织整改,并在年度报告中予以说明。

第四十二条　评价案卷应包含下列内容:

(一)申请资料核查记录及结论;

(二)现场评价通知书(应包含评价时间、评价组成员等);

(三)评价方案;

(四)企业安全生产重大问题整改报告及验证记录;

(五)评价报告,包括现场评价记录、现场收集的证据材料、问题清单及整改建议、评价结论及评价等级意见;

(六)其他必要的评价证据材料。

第四十三条　评价机构应对评价案卷进行审核,形成评价报告(附评价综述、评价结论和现场发现问题清单)及其他必要的评价资料通过管理系统向管理维护单位报备。评价机构评价结论认为符合颁发评价等级证明的,应报管理维护单位向社会公示5个工作日;公示结果不影响评价结论的,评价机构应向企业颁发交通运输企业安全生产标准化评价等级证明。

第四十四条　企业对评价结论存有异议的,可向评价机构提出复核申请,评价机构应针对复核申请事项组织非原评审员进行逐项复核,复核工作应在接受企业复核申请之日起20个工作日完成,并反馈复核意见。企业对评价机构复核结论仍存异议的,可选择其他评价机构申请评价。涉及评价机构评价工作不公正和违规行为的,企业可向相应管理维护单位或主管机关投诉、举报。

第四十五条　交通运输企业安全生产标准化建设等级证明格式由交通运输部统一规定(附录B),证明应注明类型、类别、等级、适用范围和有效期等。

第四十六条　管理维护单位应在收到评价机构报备的评价等级证明、评价报告等资料5个工作日内,向社会公布获得交通运输企业安全生产标准化建设等级证明的企业和评价机构有关信息,接受社会监督。

第二节　换证评价

第四十七条　已经取得安全生产标准化评价等级证明的企业在证明有效期满之前可向评价机构申请换证评价,

换证完成后,原证明自动失效。

第四十八条 企业申请换证评价时,应提交以下材料:

(一)企业法人营业执照、经营许可证等;

(二)原交通运输企业安全生产标准化建设等级证明;

(三)企业换证自评报告和企业基本情况、安全生产组织架构;

(四)企业安全生产标准化运行情况,以及近3年安全生产事故或险情、重大安全生产风险源及管控、重大安全事故隐患及治理等情况。

第四十九条 申请换证的企业在取得等级证明3年且满足下列条件,在原证明有效期满之日前3个月内可直接向评价机构申请换发同等级企业安全生产标准化建设等级证明:

(一)企业年度核查等级均为优秀(含换证年度);

(二)企业未发生一般及以上等级安全生产责任事故;

(三)企业未发生被主管机关安全生产挂牌督办或约谈;

(四)企业安全生产信用等级评为B级以上;

(五)企业未违反其他安全生产法律法规有关规定;

(六)安全生产标准化建设标准发生变化的,年度核查或有关证据证明其满足相关要求。

第五十条 换证评价及等级证明颁发的流程、范围和方法按照初次评价的有关规定执行。

第三节 年度核查

第五十一条 企业取得安全生产标准化建设等级证明后,有效期内应按年度开展自评,自评时间间隔不超过12个月,自评报告应报颁发等级证明的评价机构核查。

第五十二条 评价机构对企业年度自评报告核查发现以下问题的,可进行现场核查:

(一)自评结论不能满足原有等级要求的;

(二)自评报告内容不全或存在不实,不能真实体现企业安全生产标准化建设实际情况的;

(三)企业生产经营状况发生重大变化的,包括生产经营规模、场所、范围或主要安全管理团队等;

(四)企业未按要求及时向评价机构报告重大安全事故隐患和较大以上安全生产责任事故的;

(五)相关方对企业的安全生产提出举报、投诉;

(六)企业主动申请现场复核。

第五十三条 评价机构应在企业提交年度自评报告15个工作日内完成自评报告年度核查,需进行现场核查的,应在30个工作日内完成。

第五十四条 年度核查结论分为不合格、合格和优秀三个等级评价,并通过管理系统向社会公开。企业安全生产标准化建设运行情况不能持续满足所取得的评价等级要求,或长期存在重大安全事故隐患且未有效整改的评为不合格;基本满足且对不影响评价结论的问题和重大安全事故隐患进行有效整改的评为合格;满足原评价等级所有要求,并建立有效的企业安全生产标准化持续改进工作机制,且运行良好,重大安全事故隐患和问题整改完成的,评为优秀。对于年度核查评为优秀,应由企业在年度自查报告中主动提出申请,经评价机构核查,包括进行现场抽查验证通过后,方可评为优秀。

第五十五条 评价机构对企业的年度核查评价在合格以上的,维持其安全生产标准化建设等级证明有效;年度核查评价不合格或未按要求提交自评报告的,评价机构应通知企业并提出相关整改建议,企业在30日内未经验收完成整改,或仍未提交自评报告,或拒绝评价机构现场复核的,评价机构应撤销并收回企业安全生产标准化建设等级证明,并通过管理系统向社会公告。

第五十六条 已经取得交通运输企业安全生产标准化建设等级证明的企业,在有效期内发现存在重大安全事故隐患或发生较大及以上安全生产责任事故的,应在10个工作日内向颁发等级证明的评价机构报送相关信息,评价机构可视情况开展企业安全生产标准化建设核查工作。

第五十七条 评价机构撤销企业安全生产标准化建设等级证明的,应通过管理系统向管理维护单位备案。

第四节 证明补发和变更

第五十八条 企业安全生产标准化建设等级证明遗失的,可向颁发等级证明的评价机构申请补发。

第五十九条 企业法定代表人、名称、经营地址等变更的,应在变更后30日内,向颁发等级证明的评价机构提供有关证据材料,申请对企业安全生产标准化评价等级证明的变更。

第六十条 评价机构发现申请安全生产标准化建设等级证明变更的企业的安全生产条件发生重大变化,超出第四十九条情况的,可进行现场核实,核实结果不影响变更证明的,应予以变更,核实认为企业安全生产条件不满足维持原证明等级要求的,原证明应予以撤销并通过管理系统向社会公示。

第六十一条 评价机构应在接受企业提出的证明变更申请后30日内,完成证明变更。

第五章 监督管理

第六十二条 主管机关应加强对管理维护单位、评价机构和评审员的监督管理,建立健全日常监督、投诉举报处理、评价机构和评审员信用评价、违规处理和公示公告等机制，规范交通运输企业安全生产标准化建设评价工作。省级主管机关对日常监督管理工作中发现的一级评价机构存在的违法违规行为应通过管理系统上报。

第六十三条 主管机关应采取“双随机、一公开”的突击检查方式，组织抽查本管辖范围内从事相关业务的评价机构和评审员相关工作。抽查内容应包含：机构备案条件、管理制度、责任体系、评价活动管理、评审员管理、评价案卷、现场评价以及机构能力保持和建设等。

第六十四条 交通运输管理部门应将企业安全生产标准化建设工作情况纳入日常监督管理，通过政府购买服务委托第三方专业化服务机构，对下级管理部门及辖区企业推进企业安全生产标准化建设工作情况进行抽查，抽查情况应向行业通报。

第六十五条 已经取得交通运输企业安全生产标准化评价等级证明的企业，在有效期内发生重大及以上安全生产责任事故，或1年内连续发生2次以上较大安全生产责任事故的，评价机构应对该企业安全生产标准化建设情况进行核查，不满足原等级要求的，应及时撤销其安全生产标准化等级证明。事故等级按照《生产安全事故报告和调查处理条例》（国务院令第493号）和《水上交通事故统计办法》（交通运输部令2014年15号）确定。

第六十六条 负有直接安全生产监督管理职责的交通运输管理部门应对企业安全生产标准化建设评价中发现的重大安全事故隐患及时进行核查，确认后责令企业立即整改，并依法依规追究相应人的责任。

第六十七条 主管机关应建立投诉举报渠道，公布邮箱、电话，接受实名投诉举报。

第六十八条 主管机关接到有关企业安全生产标准化建设评价实名举报或投诉的，经确认举报或投诉事项是属本单位管辖权限，应在60个工作日内完成调查核实处理，并将处理意见向举报人反馈。

第六十九条 投诉举报第一接报主管机关对确认不属本单位管辖权限的，应在5个工作日内告知举报人，并建议其向具有管辖权限的主管机关举报。

第七十条 评审员、评价机构违背承诺，其备案信息经核实存在弄虚作假的，管理维护单位应在3个工作日内将其列入黑名单，并通过管理系统向社会公告。

第七十一条 管理维护单位应对评审员、评价机构发生的违规违纪和违反承诺等失信行为，依据评审员、评价机构信用扣分细则（见附录C）进行记录。

第七十二条 评审员、评价机构信用等级按其扣分情况分为AA、A、B、C、D共5个等级，未扣分的为AA；扣1～2分的为A；扣3～8分的为B；扣9～14分的为C；扣15～19分的为D；信用扣分超过20分（含20分）的列入黑名单。

以上信用扣分按近3年扣分累计。

第七十三条　部管理维护单位应通过管理系统，按年度向社会公布管辖范围内一级评价机构、评审员3年内违规行为和信用等级汇总情况，以及评价机构所颁发等级证明的企业及其近5年发生等级以上安全生产事故情况。评审员发生信用扣分的，管理维护单位应告知评审员登记的评价机构。

省级管理维护单位应通过管理系统，按年度向社会公布管辖范围内二、三级评价机构，以及评价机构所颁发等级证明的企业及其近5年发生等级以上安全生产事故情况。

第七十四条　交通运输管理部门应将交通运输企业安全生产标准化建设情况和评价结果纳入企业安全生产信用评价范围，鼓励引导交通运输企业积极开展安全生产标准化建设。

第七十五条　交通运输管理部门应加强对企业安全生产标准化评价结果应用，作为实施分级分类、差异化监管的重要依据；对安全生产标准化未达标或被撤销等级证明的企业应加大执法检查力度，予以重点监管。客运、危险货物经营企业安全生产标准化建设评价及年度核查情况应作为企业经营资质年审和运力更新、新增审批、招投标的安全条件重要参考依据。

第七十六条　主管机关和管理维护单位的工作人员发生失职渎职的，应按规定追究相关责任人责任；评价机构的工作人员和评审员发生弄虚作假、违法违纪行为，依法依规追究相关人员法律责任。

第六章　附　　则

第七十七条　交通运输企业安全生产标准化是指企业通过落实安全生产主体责任，全员全过程参与，建立安全生产各要素构成的企业安全生产管理体系，使生产经营各环节符合安全生产、职业病防治法律、法规和标准规范的要求，人、机、环、管处于受控状态，并持续改进。

第七十八条　交通运输企业安全生产标准化建设评价是指企业安全生产标准化评价机构，依据相关法律法规和企业安全生产标准化建设标准，评价企业安全生产标准化建设情况，对评价过程中发现安全生产的问题，提出整改建议，是促进企业安全生产标准化建设工作的重要方式。

第七十九条　对企业所实施的安全生产标准化建设评价，不解除企业遵守国际、国内有关安全生产法律法规的责任和所承担的企业安全生产主体责任。

第八十条　航运企业已建立安全管理体系并取得符合证明（DOC）的，视同满足企业安全生产标准化二级达标水平。

第八十一条 省际运输企业是指从事省际道路或水路运输的交通运输企业。

第八十二条 自有评审员是指与受聘评价机构签订正式劳动合同,且受聘评价机构已为其连续缴纳1年以上社保的人员。

第八十三条 本办法所称企业是指从事公路、水路交通运输的生产经营单位,包括直接从事生产经营行为的事业单位。

第八十四条 省级主管机关未委托管理维护单位的,本管理办法涉及的相关工作由其承担。

第八十五条 管理系统由交通运输部统一开发,委托管理维护单位负责日常维护。

第八十六条 本办法自发布之日实施,有效期5年。《关于印发交通运输企业安全生产标准化考评管理办法和达标考评指标的通知》(交安监发〔2012〕175号)及《关于印发交通运输企业安全生产标准化相关实施办法的通知》(厅安监字〔2012〕134号)同时废止。

附录 A

评价机构登记备案条件

<table>
<tr><th rowspan="2">序号</th><th rowspan="2">条件</th><th colspan="3">要求</th><th rowspan="2">备注</th></tr>
<tr><th>一级</th><th>二级</th><th>三级</th></tr>
<tr><td>1</td><td>固定办公场所面积</td><td>不少于 300m²</td><td>不少于 200m²</td><td>不少于 100m²</td><td>需提供房屋产权证明或 1 年以上的租赁合同</td></tr>
<tr><td>2</td><td>专职管理人员</td><td>不少于 8 人</td><td>不少于 5 人</td><td>不少于 3 人</td><td rowspan="2">需提供人员正式劳务合同(事业单位需提供加盖单位公章的人员在职证明),连续 1 年以上的单位代缴纳的纳税证明和社保缴费证明</td></tr>
<tr><td>3</td><td>自有评审员</td><td>不少于 30 名本专业自有评审员</td><td>不少于 12 名本专业自有评审员</td><td>不少于 6 名本专业自有评审员</td></tr>
<tr><td>4</td><td>高级职称人员</td><td>不少于 10 人</td><td>不少于 3 人</td><td>不少于 2 人</td><td>高级职称是指国家认可的从事管理、技术、生产、检验和评估评价的高级技术人员,但不含高级经济师、高级政工师等非相关职称</td></tr>
<tr><td>5</td><td>工作经验</td><td>1. 至少具备 5 年以上从事交通运输相关业务领域咨询服务工作的经验。
2. 至少具备 1 年以上二级评价机构备案经历。
3. 已评价一定数量本专业二级企业</td><td>1. 至少具备 3 年以上从事交通运输相关业务领域咨询服务工作的经验。
2. 至少具备 1 年以上三级评价机构备案经历。
3. 已评价一定数量本专业三级企业</td><td>至少具备 3 年以上从事交通运输相关业务领域咨询服务工作的经验</td><td>评价机构申请备案一级资质需评价二级企业家数(新增专业类型不需要):
道路运输:200 家;水路运输:80 家;港口营运:50 家; 城市客运:100 家;交通工程建设:100 家。
评价机构申请备案二级资质需评价三级企业家数(新增专业类型不需要)由各省主管机关确定</td></tr>
</table>

注:上述条件为单个专业类型登记备案条件,本办法实施前已经取得评价机构证书的评价机构备案不受此条件限制;已经完成其他类型评价机构备案,增加评价机构备案类型的,不要求具有下一级评价机构备案及相关要求。二、三级评价机构备案条件为最低要求,各省级主管机关可根据具体情况参照设定相应备案条件。

附录 B

交通运输企业
安全生产标准化建设
等级证明
企业名称：
证书编号：YYYY—TA—XXXXX
有 效 期：YYYY年MM月DD日至YYYY年MM月DD日
中华人民共和国交通运输部制
经营类型：
证书类别：
达标等级：
适用范围：
备注：
年度核查
评价机构年度核查结论：
201X年
评价机构年度核查结论：
201X年
（正本/副本）
评价机构（盖章）：
年 月 日
58mm
22mm
38磅 黑体
51磅 黑体加粗
19磅 黑体
19磅 方正书宋体
21磅 方正书宋体
21磅 黑体
21磅 方正书宋体
16磅 方正书宋体
130mm
16mm
48磅 黑体
20磅 宋体
30mm
8mm
描边：1pt
15mm
18mm

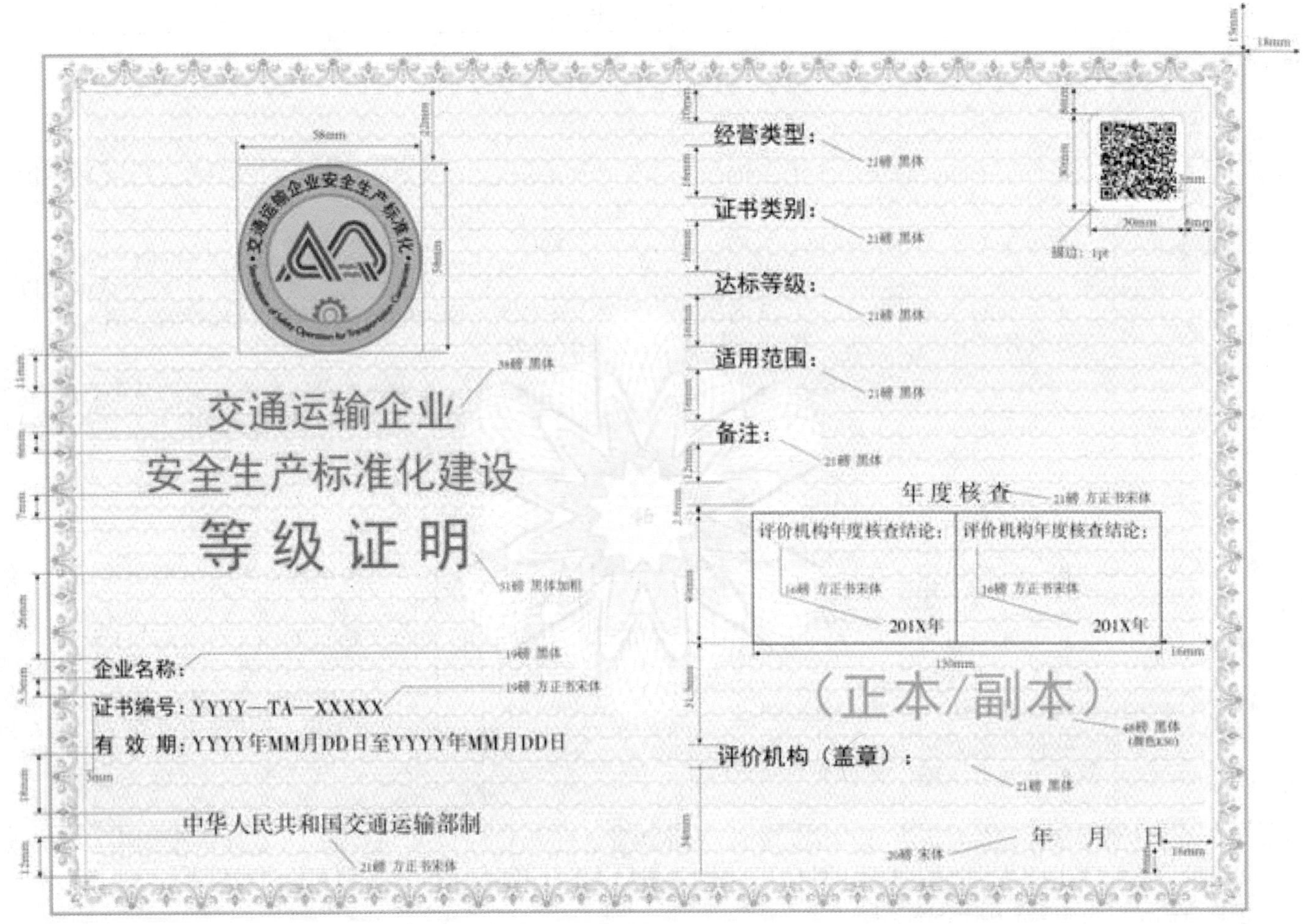

证明格式及编号说明

1. 等级证明纸张大小为420mm×297mm(A3),带底纹。

2. 证明编号格式为 YYYY—TA—XXXXXX。YYYY 表示年份;TA 表示负责颁发等级证明的评价机构监督管理的省级以上管理维护单位(01 表示交通运输部,02 表示北京市,03 表示天津市,04 表示河北省,05 表示山西省,06 表示内蒙古自治区,07 表示辽宁省,08 表示吉林省,09 表示黑龙江省,10 表示上海市,11 表示江苏省,12 表示浙江省,13 表示安徽省,14 表示福建省,15 表示江西省,16 表示山东省,17 表示河南省,18 表示湖北省,19 表示湖南省,20 表示广东省,21 表示海南省,22 表示广西壮族自治区,23 表示重庆市,24 表示四川省,25 表示贵州省,26 表示云南省,27 表示西藏自治区,28 表示陕西省,29 表示甘肃省,30 表示青海省,31 表示宁夏回旋自治区,32 表示新疆维吾尔自治区,33 表示新疆生产建设兵团,34 表示长江航务管理局,35 表示珠江航务管理局);XXXXXX 表示序列号。

3. 经营类别分为道路客运运输、道路危险货物运输、道路普通货物运输、道路货物运输站场、汽车租赁、机动车维修、汽车客运站、水路客运运输、水路普通货物运输、水路危险货物运输、港口客运、港口普通货物营运、港口危险货物营运、城市公共汽车客运、城市轨道交通运输、出租汽车营运、交通运输建筑施工企业、交通工程建设项目、收费高速公路、隧道和桥梁运营等类别。

4. 评价等级分一级、二级、三级 3 个级别。

5. 评价机构颁发等级证明印章使用圆形封口章,名称统一为“＊＊＊企业安全生产标准化评价专用章”,“＊＊＊”为颁发等级证明的评价机构名称,“达标专用章”封口。

6. 证明电子模板可在管理系统下载。

7. 证明正本 1 份,副本 3 份。

附录 C

评审员评价机构信用扣分细则

一、评审员发生下列情形的，信用分值扣 1 分：

（一）管理维护单位对评审员评价能力、评价技巧、抽样或流程符合性提出质疑的；

（二）评审员信息发生变更，未按照规定办理变更手续的；

（三）经核实，评价期间不遵守有关纪律，迟到或提早离场的；

（四）未按评价计划实施现场评价，但不影响评价过程的。

二、评审员发生下列情形的，信用分值扣 2 分：

（一）以个人名义或未经评价机构同意，开展与评价相关活动；

（二）近 3 年内，管理维护单位对评审员评价能力、评价技巧、抽样或流程符合性提出质疑 2 次的评审员；

（三）近 3 年内，评审员参与评价的企业有 20% ~30% 发生一般等级以上安全生产责任事故；

（四）近 3 年内，评审员参与评价的企业发生了 1 起一般安全生产责任事故，且事故调查确定的直接原因在评价时已经存在，但评价中未识别或指出；

（五）未按评价计划实施现场评价，影响评价过程的。

三、评审员发生下列情形的，信用分值扣 5 分：

（一）与申请评价的企业存在利害关系的，未回避的；

（二）近 3 年内管理维护单位对评审员评价能力、评价技巧、抽样或流程符合性提出质疑 3 次及以上的评审员；

（三）非故意泄露企业技术和商业秘密，未造成严重后果的；

（四）近 3 年内，评审员参与评价的企业有 30% ~50% 发生一般等级以上安全生产责任事故；

（五）近 3 年内，评审员参与评价的企业发生了 1 起较大安全生产责任事故，且事故调查确定的直接原因在评价时已经存在，但评价中未识别或指出。

（六）受到主管部门通报批评的。

四、评审员发生下列情形的，信用分值扣 10 分：

（一）评价活动中为第三方或个人谋取利益，但不构成违法的；

（二）未按要求如实反映企业重大安全事故隐患或风险的；

（三）允许他人借用自己的名义从事评价活动的；

（四）近 3 年内，评审员参与评价的企业有 50% 以上发生一般等级以上安全生产责任事故；

（五）近 3 年内，评审员参与评价的企业发生了 1 起重大上安全生产责任事故，且事故调查确定的直接原因在评价时已经存在,但评价中未识别或指出。

五、评审员发生下列情形的,信用分值扣 20 分:

(一)登记备案条件弄虚作假的;

(二)评价活动中,存在重大违法、违规、违纪行为,构成违法的;

(三)评价活动中为第三方或个人谋取利益,情节特别严重的;

(四)评价工作中弄虚作假的,结果影响评价结论的;

(五)近 3 年内,评审员参与评价的企业发生了 1 起特别重大安全生产责任事故,且事故调查确定的直接原因在评价时已经存在,但评价中未识别或指出;

(六)故意泄露企业技术和商业秘密,或泄露企业技术和商业秘密造成严重后果的;

(七)被列入省部级以上黑名单的。

六、评价机构发生下列情形的,信用分值扣 1 分:

(一)逾期 30 日未提交年度工作报告;

(二)不按规定程序和要求开展评价活动的;

(三)内部档案管理制度不健全或重要考评记录文件缺失的(每缺失 1 件扣 1 分);

(四)未按评价计划实施现场评价,但不影响评价过程的;

(五)允许不具备评价能力人员参与评价活动的;

(六)近 3 年内,评价机构所评价的企业有 20% ~30% 发生一般等级以上安全生产责任事故。

七、评价机构发生下列情形的,信用分值扣 5 分:

(一)未按要求如实反映企业重大安全事故隐患或风险的;

(二)未及时向管理维护单位报备评价结果的;

(三)泄露企业技术和商业秘密的,未构成后果的;

(四)评价机构评价结果或年度核查不符合实际情况;

(五)利用评价活动,谋取其他利益的;

(六)近 3 年内,评价机构所评价的企业有 30% ~50% 发生一般等级以上安全生产责任事故;

(七)近 3 年内,评价机构所评价的企业发生了 1 起较大安全生产责任事故,且事故调查确定的直接原因在评价时已经存在,但评价中未识别或指出。

八、评价机构发生下列情形的,信用分值扣 10 分:

(一)评价工作中隐瞒或应发现而未发现企业重大安全事故隐患或风险;

(二)泄露企业技术和商业秘密的,造成较轻后果的;

(三)分包转包评价工作的;

(四)利用评价活动,强制谋取其他利益的;

(五)评价活动的专业类型不符合本办法要求或超范围评价的;

（六）评价机构或其法定代表人被主管部门通报批评的；

（七）近3年内，评价机构所评价的企业有50%以上发生一般安全生产责任事故；

（八）近3年内，评价机构所评价的企业发生1起重大安全生产责任事故，且事故调查确定的直接原因在评价时已经存在，但评价中未识别或指出。

九、评价机构发生下列情形的，信用分值扣20分：

（一）登记备案条件弄虚作假的；

（二）评价工作中弄虚作假，或应发现而未发现企业重大安全事故隐患或风险，导致隐患未消除或风险未得到有效控制，发生等级以上责任事故的；

（三）采取不正常竞争措施，严重影响市场秩序的；

（四）泄露企业技术和商业秘密的，造成严重后果的；

（五）评价机构相关条件低于首次备案条件，督办整改不合格的；

（六）近3年内，评价机构所评价的企业发生1起特别重大安全生产责任事故，且事故调查确定的直接原因在评价时已经存在，但评价中未识别或指出；

（七）评价机构或其法人被列入省部级以上黑名单的；

（八）按照有关法规、规定，应予以撤销的。

以上信用扣分细则，逐条逐次累计。交通运输部安委会办公室可根据安全生产信用体系建设和企业安全生产标准化建设情况适时调整。